Guide des poissons d'aquarium marin

Christian Willig - Nicolas Leclercq - Stéphane Fournier
Jean-Michel Bour - Gireg Allain

Sommaire

Manuel de maintenance et d'identification

Systématique et nomenclature

Femelle *Sparisoma viride*. Un nom de genre suivi d'un nom d'espèce caractérise chaque poisson.

Les animaux comme les plantes portent des noms vernaculaires utilisés dans leur aire naturelle de répartition. De plus aux espèces très répandues, ou exportées par l'homme comme les poissons d'aquarium, on a donné un — voire plusieurs — noms communs, dans diverses langues.

L'attribution de ces dénominations n'étant régie par aucune règle, il s'ensuit rapidement une grande confusion. Il n'est pas rare que plusieurs espèces proches portent le même nom. Dans le cas des poissons marins, on constate souvent un dimorphisme sexuel marqué, une variation de livrée entre les stades juvénile et adulte, sans compter les particularités géographiques et les hybridations ! Ainsi au sein d'une même espèce, le mâle et la femelle, les jeunes et les adultes, peuvent être désignés par des noms différents.

Au 18e siècle, le médecin et botaniste suédois Linné a conçu une classification scientifique des organismes vivants reposant sur un système de nomenclature universel qui permet la communication sans barrière de langue. Son idée fondatrice est simple mais ingénieuse. À chaque organisme on attribue un nom de genre et un nom d'espèce, les espèces proches étant réunies au sein du même genre. Les genres sont regroupés en sous-familles et familles qui entérinent leur parenté. D'autre part, Linné a choisi d'employer une langue morte de sorte que, dépourvus de connotation nationale, les noms seraient reconnus dans le monde entier et de fait, les règles encore en vigueur aujourd'hui exigent un nom latin ou grec ou du moins à consonance latine ou grecque.

Même si connaître l'appartenance d'un animal à une famille permet souvent d'obtenir des données générales quant à son comportement et à sa maintenance, l'identification précise des poissons coralliens est une étape préliminaire essentielle à la circulation des informations les concernant.

Un nom d'espèce est parfois décliné pour différents genres. On trouve par exemple *Cromileptes altivelis* et *Calloplesiops altivelis*, les deux espèces étant dotées de hautes nageoires. Il arrive qu'on trouve deux fois le même nom spécifique dans un seul genre, ainsi *Amphiprion nigripes* et *A. melanopus* (« à pieds noirs », en latin dans le premier cas, en grec dans le second), ont été ainsi nommés en raison de la couleur de leurs pelviennes. Les hybrides sont désignés par les deux noms d'espèce complets, séparés d'une croix. Par exemple, *Centropyge flavissimus* x *Centropyge vroliki*. Le nom d'espèce est remplacé par « sp. » lorsque qu'il s'agit d'une espèce qu'on n'a pu déterminer ou non décrite, par « spp. » lorsque qu'on s'intéresse à toutes les espèces d'un genre.

FishBase : pour ne pas se perdre

La base internationale de données en ligne FishBase, disponible à l'adresse www.fishbase.org ou www.fishbase.net, permet une recherche par nom scientifique ou par nom commun dans de nombreuses langues utilisant plusieurs alphabets. Plus de 27 000 poissons y sont répertoriés.

Ici, le mâle de la même espèce est totalement différent en forme et surtout en couleurs. Il n'est donc pas étonnant que des confusions aient eu lieu.

Anatomie et biologie

**La meilleure façon de prendre soin d'un poisson corallien est évidemment d'apprendre à le connaître.
Le métabolisme de tous les poissons marins tropicaux présente un certain nombre de points communs mais leur anatomie et leur morphologie traduisent souvent des adaptations particulières.**

Un corps anguilliforme, comme chez la murène, permet de se dissimuler dans les anfractuosités du récif.

Trois indices sont généralement utiles à l'observation d'un poisson corallien :

La forme du corps est révélatrice des habitats de prédilection et des bases de la locomotion.

- Un corps présentant un aplatissement ventro-dorsal caractérise les poissons plats vivant sur les substrats meubles.
- Un corps anguilliforme est propre aux animaux vivant à proximité du sol et dans les anfractuosités, où ils trouvent refuge et pitance, ou qui s'enfouissent dans le substrat.
- Le corps comprimé latéralement est très répandu parmi les poissons récifaux. Il caractérise les animaux spécialistes des manœuvres au sein des massifs coralliens, comme les poissons-anges et poissons-papillons.
- Les labres, mais aussi de nombreux poissons de fond, ont un corps sagittiforme, de section ovale et allongé. Il se prête bien à une nage rapide ou saccadée.
- Les poissons-ballons, les poissons-globes et les poissons-coffres aux formes peu hydrodynamiques sont de piètres nageurs qui apprécient les zones calmes.

Les formes des poissons coralliens sont sans limites et l'évolution réserve parfois des surprises extraordinaires, comme on en rencontre avec les mandarins ou les hippocampes.

Les nageoires sont évidemment utiles à la locomotion, mais aussi à l'équilibre, à la séduction et à la défense. Elles peuvent faciliter la capture des proies en les enfermant dans une nasse formée des pectorales réunies comme chez les rascasses ou en produisant un leurre comme chez les antennaires.
La plupart des poissons utilisent la nageoire caudale comme organe de propulsion. Sa forme est adaptée à la nage de prédilection : accélérations fulgurantes, pour capturer des proies très mobiles ; nage soutenue sur de grandes distances ou manœuvres entre les obstacles.
La nageoire dorsale sert généralement de stabilisateur chez les bons nageurs de pleine eau, mais elle peut aussi constituer un propulseur

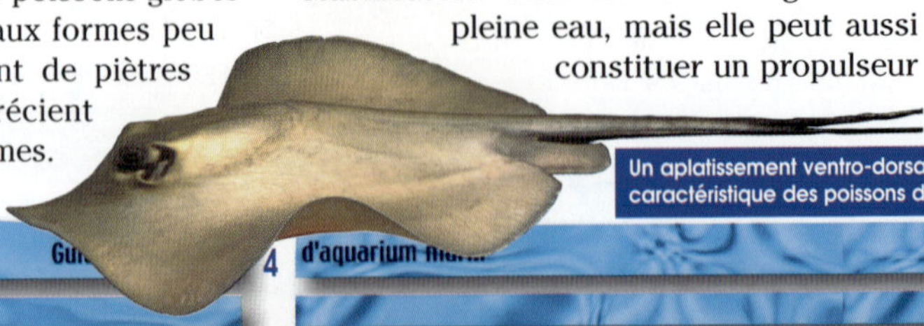

Un aplatissement ventro-dorsal est caractéristique des poissons de fond.

Les fonctions sensorielles

Vision. Les poissons coralliens vivent dans des eaux claires et peu profondes. La vue et la perception des couleurs jouent un rôle fondamental pour la communication et les relations intra- et interspécifiques. Leur champ visuel est très étendu mais leur acuité visuelle est réduite à la périphérie. Les poissons nocturnes ou cavernicoles ont de grands yeux adaptés aux faibles luminosités.

Ouïe. Les sons se propagent plus vite et plus loin dans l'eau que dans l'air. Les ondes sonores sont des variations de pression perçues par l'oreille interne. Certaines espèces, dotées d'une connexion entre l'oreille et la vessie natatoire qui agit comme amplificateur, entendent très bien. De nombreux poissons coralliens produisent des sons utiles à leur communication.

Ligne latérale. Cet organe s'étendant sur les flancs du poisson est constitué d'un alignement de tubes ouverts sur l'extérieur et relié entre eux qui perçoivent les variations de pression grâce à des cellules sensorielles. La ligne latérale renseigne l'animal sur les perturbations liées à son propre déplacement par rapport aux obstacles ou aux mouvements d'animaux proches, un peu comme lorsque nous sentons un courant d'air sur notre peau.

Odorat. Les poissons tropicaux, et en particulier les prédateurs piscivores, ont un odorat très développé qui leur permet de détecter des composés chimiques même à faible concentration.

Goût. Les récepteurs du goût, très développés, sont répartis autour de la bouche, mais aussi parfois sur le reste du corps ou localisés dans des organes sensoriels comme les barbillons.

Toucher. Le système nerveux des poissons leur procure la sensation de toucher et la sensibilité à la douleur. Celle-ci est très variable selon les espèces et il arrive de voir des poissons sérieusement blessés se comporter comme si de rien n'était !

à part entière pour les poissons-ballons et les poissons-coffres, par exemple. La nageoire anale joue un rôle symétrique mais moindre pour l'équilibre du corps. Les balistes et les poissons-limes combinent les ondulations des nageoires dorsale et anale pour se déplacer.

Les nageoires pectorales contribuent principalement à la stabilité dans le plan horizontal, en autorisant éventuellement le surplace entre deux eaux, bien connu chez les poissons-clowns. De nombreux labres et poissons-chirurgiens les utilisent comme des pagaies constituant le principal organe de propulsion. Dans ce cas, la nage et les changements de direction sont très rapides. Les nageoires pelviennes sont des stabilisateurs auxiliaires servant aussi de freins et accessoirement d'organes de séduction. Les poissons de fond les utilisent généralement comme support.

La bouche est révélatrice du régime alimentaire. Celle des rascasses ou des mérous par exemple s'ouvre largement pour saisir et avaler des proies volumineuses. Mais toutes les adaptations sont plus subtiles : chez les murènes, le genre *Gymnothorax* présente une mâchoire assortie de dents pointues et d'une musculature privilégiant la vitesse, donc propre à la capture des poissons et le genre *Echidna* utilise ses maxillaires puissants et ses dents massives pour briser la carapace des crustacés qu'il dévore.

En cas de danger les tétrodontiformes, comme ce diodon, sont capables de se gonfler d'eau. Les piquants initialement plaqués le long du poisson se redressent pour hérisser le corps.

Biogéographie et aquarium géographique

En Polynésie. On aperçoit bien le platier récifal frappé par la houle, qui protège le lagon peu profond. Ce genre de formation comprend une grande surface de colonisation corallienne.

La répartition des poissons coralliens répond à une combinaison de nombreux facteurs liés à des phénomènes planétaires, comme le déplacement des plaques tectoniques ou les modifications climatiques globales ; des particularités locales, c'est-à-dire l'existence d'un environnement propice ou non à l'installation puis au développement d'espèces données et bien sûr aux espèces elles-mêmes, principalement à leur capacité de dispersion et d'adaptation.
Pour l'aquariophile, l'existence de différentes régions récifales est une bonne raison d'installer et d'admirer non pas un, mais des aquariums marins tropicaux : ainsi, on envisage l'aquarium géographique comme une reproduction d'un habitat plutôt qu'une association incohérente d'animaux disparates.

Les facteurs abiotiques, comme les grands courants océaniques, déterminent la répartition planétaire des récifs coralliens et contribuent à leur séparation physique, au sens où leurs populations ne peuvent pas circuler librement d'une grande formation récifale à l'autre. En conséquence et à l'exception de rares organismes circumtropicaux, les espèces d'algues, de poissons et d'invertébrés marins sont généralement distribuées entre les tropiques de manière très localisée. Associer des individus de provenances différentes dans un aquarium peut présenter un intérêt esthétique, mais il est préférable de favoriser les comportements naturels en respectant les origines géographiques.
Comme le montrent les tableaux 1. et 2., les ressources marines ornementales sont réparties de manière très inégale parmi quatre grandes régions récifales : Indo-Pacifique, Caraïbes, Pacifique Est et Atlantique Est. Les zones orientales des océans Atlantique et Pacifique présentent des richesses spécifiques relativement modestes et ne font pas l'objet d'une exploitation ciblée pour l'aquariophilie.

Il est très motivant de reconstituer une communauté locale dans un aquarium en respectant les caractéristiques de l'habitat, qui varient d'une région à l'autre et même d'une partie du récif à l'autre. Plongé dans un environnement proche de leur habitat naturel, les animaux, vertébrés et invertébrés, croissent et évoluent de manière plus naturelle et présentent une espérance de vie bien plus longue.
En principe, ils n'y sont pas soumis à des conditions ou à des compagnons inattendus.

Le pacifique Est ne comprend pas beaucoup de zones récifales. Ici, un biotope d'Hawaii recréé en aquarium.

Région	Superficie (km²)	% mondial
Indo-Pacifique	261 200	91,8
Mer Rouge et Golfe d'Aden	17 400	6,1
Golfe Persique et Mer d'Oman	4 200	1,5
Océan Indien	32 000	11,3
Asie du Sud-Est	91 700	32,3
Pacifique	15 900	40,8
Pacifique Est	1 600	0,6
Caraïbes	20 000	7,0
Atlantique Est	1 600	0,6

Tableau 1. – Estimation des zones récifales mondiales calculée d'après la cartographie (d'après Spalding et al., 2001).

Mer Rouge, une destination idéale pour la plongée. La richesse de ces récifs est à l'origine de cette réputation méritée.

L'approche aquariophile

1- Le point de départ peut être un poisson ou un invertébré, autour duquel on va élaborer un projet de peuplement. S'informer sur l'habitat de cet « organisme-phare » et sur ses exigences écologiques.

2- Déterminer les paramètres abiotiques de cet habitat (température, éclairement, mouvement d'eau, substrat prépondérant) comme base de l'équipement à installer et du budget à investir.

3- Établir un projet de peuplement théorique, basé sur une étude approfondie de la biocénose, ne prenant en compte que les facteurs biologiques.

4- Réviser le projet de peuplement en fonction des limitations du marché aquariophile : certaines espèces identifiées à l'étape précédente ne sont pas disponibles, on les remplacera par des organismes équivalents sur le plan écologique. Bien souvent, les invertébrés détritivores (escargots, ophiures, etc.) et les anthozoaires ont davantage un rôle fonctionnel qu'une relation déterminante avec leurs voisins.

5- Identifier les étapes du peuplement définitif et établir un calendrier prévisionnel des introductions.

6- Acquérir l'équipement, installer tout le matériel en configuration finale et mettre l'aquarium en fonctionnement.

7- Procéder au peuplement en respectant les impératifs de maturation de l'écosystème captif.

8- Admirer sans modération l'aquarium géographique, représentatif du biotope choisi !

Groupe taxonomique	Indo-Pacifique	Pacifique Est	Caraïbes	Atlantique Est
Coraux durs	719	34	62	/
Coraux mous	> 690	0	6	/
Éponges (genres)	244	/	117	/
Gastéropodes	494	54	63	31
Bivalves	2 000	564	378	427
Crustacés	340	78 *	118 **	30
Echinodermes	1 200	208	148	/
Poissons	4 000	650	1 400	450
Phanérogames marines	34	7	9	2
Palétuviers	59	13	11	7

Tableau 2. –Répartition de la diversité spécifique dans les quatre grandes régions récifales, en nombre d'espèces. L'Indo-Pacifique domine de manière évidente (d'après Spalding *et al.*, 2001).
* Inclut certaines espèces d'Atlantique Est.
** Seulement les stomatopodes.

L'environnement récifal

Un récif se caractérise par une biodiversité élevée.

La maintenance de poissons récifaux en aquarium, qu'ils soient sauvages ou issus de la pisciculture, nécessite la connaissance des paramètres caractérisant leur habitat naturel ainsi que de leur place dans la chaîne alimentaire et des relations qu'ils entretiennent avec les autres organismes de leur biocénose.

Les deux caractéristiques principales d'un récif corallien sont la stabilité et la diversité, deux facteurs qui dépendent étroitement l'un de l'autre dans la nature comme dans l'aquarium.

• La stabilité est le résultat de la localisation des récifs coralliens entre les tropiques : ils occupent des eaux chaudes et claires, pauvres en nutriments, régulièrement brassées avec les eaux océaniques et baignées de soleil. Il s'y établit un équilibre dynamique autour de valeurs moyennes pour la température, l'éclairement, la vitesse du flux et de nombreuses grandeurs traduisant la qualité de l'eau.

• La biodiversité se manifeste par la profusion de vie qui règne. L'ensemble des mers du globe comprend environ 13 000 espèces de poissons et 180 000 espèces d'invertébrés. Les invertébrés vagiles sont présents sur le récif corallien à des densités de population très supérieures à celles des poissons et des invertébrés sessiles qui dominent souvent le peuplement des aquariums (Tableau 1). Ils jouent un rôle fondamental dans le recyclage de la matière organique et le contrôle de la végétation.
Tous les membres de la biocénose corallienne participent à la richesse et à la stabilité de l'édifice, comme le confirment

Unité systématique	Nombre	Biomasse (poids sec en g)
Coraux durs	nombreuses colonies	12002,3
Zoanthaires	2 colonies	1,1
Polychètes	23160 individus	6,7
Crustacés	2668 individus	40,3
Mollusques	137 individus	59,4
Echinodermes	2002 individus	263,3
Poissons	15 individus	6,1

Tableau 1 - Nombre de spécimens et biomasse des invertébrés et poissons pour un mètre carré du récif « Porites furcata » (d'après Lewis, 1977).

leurs contributions respectives à la chaîne alimentaire, comprenant des producteurs primaires (les végétaux réalisant la photosynthèse), des consommateurs (les animaux) et des décomposeurs (les micro-organismes).

Les corallivores, comme ce poisson-perroquet, forment un maillon indispensable de la chaîne récifale.

Parmi les consommateurs, on distingue habituellement les herbivores, les carnivores et les omnivores. Sur le récif, la productivité végétale est forte ; les poissons, mollusques, crustacés et échinodermes herbivores luttent contre l'envahissement par les algues. Parmi les poissons carnivores on identifie les planctophages et les piscivores. Les corallivores sont des omnivores dévorant le corail et ses algues symbiotiques ; les détritivores, des omnivores s'intéressant aux restes animaux et végétaux en décomposition, voire à la partie non réfractaire des sédiments. L'action des poissons et invertébrés détritivores est déterminante pour rendre les déchets assimilables par les décomposeurs.

La plupart des poissons coralliens sont diurnes et consacrent leur journée à la recherche de nourriture. Près d'un tiers des espèces vivent dissimulées dans les anfractuosités et un dixième d'entre elles restent enfouies dans les substrats meubles. L'espace est donc pleinement mis à profit pour que chacun trouve sa pitance. Le temps est une quatrième dimension précieuse qui permet une activité nocturne similaire. Tous les matins et tous les soirs, la relève s'effectue entre les équipes de jour et de nuit sur le récif, qui reste totalement désert à cette occasion.

Cette alternance révèle une autre possibilité d'occuper les niches écologiques : des espèces animales ayant les mêmes exigences alimentaires peuvent s'isoler l'une par rapport à l'autre, non seulement dans les trois dimensions de l'espace, mais aussi dans le temps, pour éviter la concurrence interspécifique. La photopériode et les transitions entre les phases diurne et nocturne doivent toujours être respectées en aquarium marin.

Le substrat meuble constitue une niche écologique occupée par un dixième des espèces du récif.

Habitats et zonation

Une association de facteurs environnementaux (température, éclairement, vitesse des flux, nature du sol) gouverne l'agencement des habitats du récif. On peut décrire cette zonation typique par une plongée imaginaire, de la plage vers le large, qui en révèle les sections consécutives : lagon, pente interne du récif, platier, pente externe.

La mangrove est un biotope unique. Cette forêt de palétuviers est la nursery gigantesque de nombreux poissons coralliens.

La partie arrière du lagon abrite occasionnellement deux écosystèmes adjacents et étroitement liés au récif corallien : les mangroves et les herbiers de phanérogames.

- La mangrove s'établit à l'interface entre la terre ferme et le lagon et se rencontre dans des eaux calmes des plages bordant les récifs frangeants ou dans les eaux saumâtres des estuaires. Eléments essentiels des mangroves, les palétuviers sont des arbres tropicaux capables de vivre les pieds dans l'eau saumâtre ou l'eau de mer.

- Les herbiers de phanérogames s'installent dans les zones les plus protégées du lagon, mais peuvent aussi se rencontrer juste derrière un récif frangeant ou une barrière. Ils fournissent un refuge pour les juvéniles de nombreuses espèces de poissons récifaux. En effet, il y a moins de piscivores dans cette zone que sur le récif lui-même et la turbidité de l'eau, associée à l'imbrication des feuilles, fournissent une bonne protection contre les carnassiers chassant à vue.

- Formation secondaire du récif corallien, le lagon est la zone d'accumulation des débris arrachés au récif proprement dit par l'action des vagues. Cette zone calme est composée principalement de substrats meubles. En partant de la plage, on rencontre successivement des horsts coralliens et

La pente externe du récif est une zone fortement influencée par la houle et les courants.

des micro-atolls avant d'atteindre la pente interne, caractérisée par une forte insolation et un hydrodynamisme faible. De nombreuses espèces de coraux s'y implantent malgré une sédimentation importante.

- Le platier subit largement l'action de la houle et n'est donc généralement que très peu colonisé par les coraux lorsque l'exposition est maximale. Les coraux qui s'installent dans cette zone appartiennent aux familles des Acroporidés et Pocilloporidés et sont parmi les espèces les plus robustes.
  À proximité du front récifal, des coraux durs aux formes ramassées et encroûtantes réduisent l'interaction avec les courants violents. Sur la crête algale, seul un trottoir constitué d'algues calcaires supporte les déferlantes.

- Sur le haut de la pente externe, la lumière n'est pas un facteur limitant pour la croissance corallienne : à 20 mètres de profondeur, la diversité corallienne est à son maximum dans des communautés au sein desquelles aucune espèce ne domine réellement les autres. La forme de la croissance des coraux est très variable et fonction de l'inclinaison du substrat, d'autant plus tabulaire que le substrat est pentu.

- Le bas de la pente externe (en dessous de 20 mètres) représente la zone la plus profonde du récif. Pour capter un maximum de la lumière incidente, les coraux y sont généralement tabulaires ou encroûtants et élaborent lentement un squelette peu dense. La zone privilégie les coraux durs à croissance lente, qui trouvent ici un environnement laissé vacant par les espèces à croissance rapide (Acroporidés et Pocilloporidés).

La zonation influence de façon notoire la distribution des poissons et invertébrés sur le récif corallien et il est nécessaire d'en tenir compte dès la conception de l'aquarium, le bien-être de ses pensionnaires en dépend.

Platier en mer Rouge, colonisé en majorité par des coraux des genres *Porites*, *Acropora* et *Pocillopora*.

Comportement social

Le banc est une structure organisée, où chaque individu est conscient de ses voisins.

Généralement solitaires, la plupart des poissons coralliens ne se regroupent qu'à la période de reproduction. Toutefois, certaines espèces se rassemblent en communautés plus ou moins importantes. Ces bancs inféodés au récif réunissent quelquefois plusieurs centaines d'individus, alors qu'ils peuvent en compter des dizaines de milliers chez les espèces pélagiques. Les interactions au sein de ces communautés sont complexes.

Pourquoi se rassembler ?

Appelés espèces grégaires, les poissons vivant en banc tirent de cette structure sociale de multiples avantages.

En premier lieu, le banc est formé pour se défendre face aux prédateurs. Si l'attaque est lente, le banc se sépare en deux et se reforme derrière le chasseur, c'est l'effet de « fontaine ». Si l'attaque est rapide la dispersion est dite « éclair », en une demi-seconde le banc explose, chaque individu fuyant radialement. On n'a jamais constaté de collision lors de l'éclatement, il semble donc que chaque poisson sait où iront ses voisins. De plus, le chasseur sera dérouté par la masse que forme le groupe. Incapable de se fixer sur une unique proie, il traverse le banc et en ressort bredouille, tant il a changé d'idée au cours de son passage. Il se rabattra alors sur les individus isolés (malades, blessés), ne pou-

vant suivre les mouvements du banc. Certains grands prédateurs comme le marlin foncent au travers des bancs dans le but de faire des blessés qu'ils n'auront ensuite aucun mal à attraper.
Le second avantage de la vie en société est une coopération pour la chasse. C'est le cas de certains barracudas, thons, etc. Ces prédateurs se regroupent dans le dessein d'encercler les bancs de proies.

Différentes sortes de bancs

Dans un banc lâche, les poissons nagent et évoluent ensemble sans cohésion. C'est la formation adoptée par les animaux en quête de nourriture. Si un piscivore surgit, les poissons forment aussitôt un banc polarisé dans lequel les individus, proches les uns des autres, respectent un écart précis entre eux et sont orientés parallèlement. La vitesse du banc est uniforme, et les virages sont réalisés à l'unisson. La coopération entre les individus et la socialisation sont ici poussées à l'extrême.

Les bancs pluridisciplinaires sont constitués par des poissons, appartenant à plusieurs espèces, qui se rassemblent autour d'un intérêt commun (source de nourriture, abri, etc.).

La ligne latérale, organe garant de la cohésion

Bien que la vue y participe quelque peu, le sens le plus important dans la cohésion du banc est la sensibilité à la pression et à ses variations. La ligne latérale, située comme son nom l'indique sur le flanc du poisson, permet d'enregistrer d'infimes variations de pression grâce à de nombreux pores ouverts sur le milieu extérieur et tapissés de cellules sensibles. À l'aide de ses indications, chaque membre du groupe détermine la position de ses voisins et s'intercale en conséquence.

La ligne latérale, nettement visible sur la partie haute du flanc de ce *Pristigenys alta*, permet de ressentir les variations de pression, aussi infimes soient-elles.

Les stations de nettoyage

Au sein du récif sont organisées de véritables stations de nettoyage où les poissons font la queue pour se faire enlever parasites et peaux mortes. Si les nettoyeurs sont majoritairement des crevettes, de nombreuses espèces de poissons nettoient aussi leurs clients. Le plus connu est le labre nettoyeur, *Labroides dimidiatus*, mais l'on rencontre aussi d'autres espèces de Labridés et de jeunes Pomacanthidés par exemple.

Reproduction et développement

Les stratégies reproductives des poissons marins sont innombrables. La parade nuptiale, tout comme l'accouplement ou encore le développement des jeunes, diffèrent selon l'espèce. Si la plupart des poissons coralliens abandonnent leur progéniture en misant sur le nombre, certains au contraire la protègent assidûment. Il n'y a donc pas de règle définie, mais de nombreux cas particuliers.

Les anthias forment de très grands groupes où chaque mâle « règne » sur plusieurs dizaines de femelles.

La structure « familiale »

Le poisson corallien type ne recherche son partenaire sexuel que lors de la période de reproduction, le mâle défendant âprement un territoire reproductif dans lequel il parade pour y attirer le plus possible de femelles consentantes. Toutefois les contre-exemples ne manquent pas, à l'instar des espèces vivant et frayant en banc.

D'autres espèces, peu nombreuses il est vrai, vivent en couples soudés. Dans ce cas, la protection du frai est généralement très poussée.

La dernière structure – appelée harem – réunit un mâle et plusieurs femelles (deux, trois, quelquefois beaucoup plus dans le cas des groupes d'*Anthias*).

La parade nuptiale

La parade est, le plus souvent, basée sur une démonstration des capacités reproductives du mâle. Pour être choisi par la femelle, il doit lui prouver que ses gènes sont ceux qui assureront la meilleure chance de survie à leur progéniture, c'est-à-dire qu'il est le plus fort (taille et activité déployée pour la défense du territoire), le plus beau (intensité des couleurs, bonne santé) et le plus « puissant » (ayant déjà attiré des femelles).

Certaines femelles sont aussi sensibles aux talents artisanaux du mâle. Ainsi, elles préféreront le plus beau nid (balistes), le plus beau terrier (gobies) ou la grotte la mieux aménagée (*Gramma* spp.).

Le devenir des jeunes

La protection du frai est assez rare chez les poissons coralliens, on peut citer tout de même parmi les plus connus les poissons-clowns, les demoiselles, la quasi-totalité des gobies et des blennies, les Grammidés, les Plesiopidés. Les œufs puis les larves sont défendues des prédateurs jusqu'à la nage libre, voire jusqu'à un stade plus avancé.

Les plus ardents protecteurs restent les Apogonidés et les Syngnathidés. Les premiers pratiquent l'incubation buccale et les seconds gardent leur progéniture, soit dans une poche située sur la face ventrale de la queue (les hippocampes et certains poissons-aiguilles) soit sur le tégument de la queue (les autres poissons-aiguilles). De ces deux modes d'incubation naissent des alevins totalement formés, véritables répliques des adultes.

Le nombre d'œufs est inversement proportionnel à l'efficacité de la protection. Ainsi, la plupart des poissons pondent en pleine eau, laissant dériver des millions d'œufs au gré des courants. Les larves ne reviendront sur le récif que pendant ou après leur métamorphose. On observe le même processus de développement des larves chez les espèces abandonnant leurs œufs sur le substrat (certaines demoiselles, certains balistes, etc.).

Le retour des larves sur le récif intervient lorsque la croissance a permis l'apparition d'organes de propulsion efficaces (queue pédonculée par exemple). Ce phénomène dure de deux semaines à plus de trois mois, les larves ont alors un déplacement actif et passent du plancton au necton.

Les pondeurs sur substrat

Ces espèces optent pour une surface plane et facile à défendre, qu'elles nettoient parfaitement. Les poissons-clowns, par exemple, pondent au pied de leur anémone. Les gobies qui déposent leurs œufs dans un terrier dissimulent l'entrée de leur repaire derrière un monticule de sable ; une crevette symbiotique s'occupe généralement du nettoyage. D'autres aménagent un site sur une branche de corail, sous la protection des tentacules urticants.

Chez Gramma loreto, le couple tapisse la cavité de ponte avec des débris d'algues. Certains balistes creusent une sorte d'entonnoir dans le sable pour y déposer leurs œufs.

L'intérêt de la dispersion des larves

Les techniques de reproduction des animaux sont nombreuses et étranges, mais ont toujours pour but la pérennité de l'espèce. Ainsi, la dispersion des œufs et des larves chez les pondeurs en pleine eau, si elle engendre une perte énorme par prédation, permet l'augmentation de la zone de répartition de l'espèce. De plus, la dégradation voire la mort d'un récif n'entraîne pas la disparition de l'espèce ; le lieu sera de nouveau colonisé lorsque les conditions seront redevenues favorables, au cours de reproductions ultérieures.

Ci dessus :Ponte d'*Holacanthus tricolor* aux Caraïbes.

Ci-contre : De nombreux labres pondent en harem, ici *Thalassoma bifasciatum* dont le mâle se reconnaît par sa livrée vert-bleu barrée de noir et de blanc.

Stratégies de camouflage

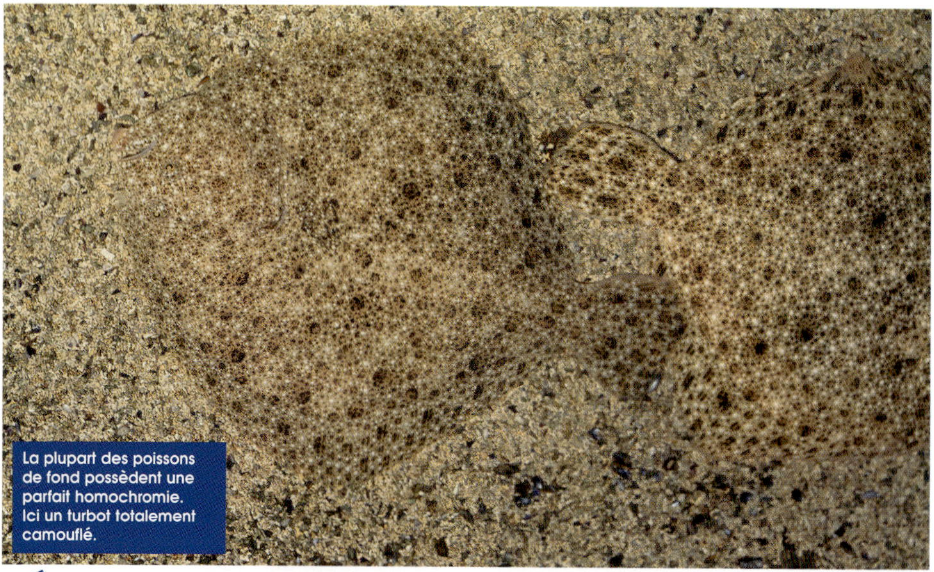

La plupart des poissons de fond possèdent une parfait homochromie. Ici un turbot totalement camouflé.

Échapper aux prédateurs est la condition sine qua non de la survie. Pour cela, trois solutions : être capable de fuir rapidement, arborer des signes extérieurs de toxicité ou dangerosité (couleur ou comportement aposématique) ou posséder des talents pour le camouflage. Cette dernière qualité permet également d'approcher discrètement les proies potentielles. La dissimulation dans le biotope est assurée par le mimétisme et l'homochromie ; beaucoup de poissons combinent les deux pour une parfaite invisibilité.

L'homochromie

L'homochromie consiste pour un animal à prendre les couleurs de son environnement pour mieux s'y fondre. La coloration particulièrement vive des poissons coralliens peut sembler paradoxale pour des espèces qui cherchent à passer inaperçues mais l'extravagante bigarrure des récifs démontre qu'au contraire, la stratégie est efficace.

Les poissons rois du camouflage sont sans aucun doute les poissons plats (soles, plies, limandes, etc.) et beaucoup de raies, qui possèdent une teinte imitant le substrat sur lequel ils vivent. L'illusion

Chez *Chaetodon lunula*, les motifs de la tête dissimulent l'œil, ce qui trouble le prédateur.

Chaetodermis penicilligera arbore des appendices dermiques imitant parfaitement les algues dans lesquelles il se fond.

est accentuée par des motifs cryptiques et par une intensité de leur coloration modulable en fonction de celle du sol.
Il en est de même pour beaucoup de gobies fréquentant les zones sableuses bordant le récif.
Au sein même des coraux, gorgones, éponges et crinoïdes vivent de petits poissons parfaitement adaptés à la couleur de leur hôte. Par exemple, les gobies du genre *Bryaninops* sont commensaux de nombreux invertébrés et arborent une coloration totalement identique à celle de l'animal qu'ils colonisent. Positionnés dans l'axe des ramifications, ils sont totalement invisibles. Une attention soutenue est nécessaire pour les repérer.

Un œil qui n'en est pas un

De nombreux poissons présentent sur la partie postérieure du corps un ocelle généralement noir qui imite un œil, le vrai étant souvent dissimulé dans une barre verticale sombre. Ainsi, le corps du poisson semble inversé. Ce stratagème est destiné à désorienter les prédateurs qui, anticipant la fuite de leur proie, dirigent leur attaque en avant de l'animal.

Le mimétisme

Le mimétisme désigne les diverses façons de se dissimuler dans son environnement en utilisant particulièrement les formes. Certains poissons ont développé des excroissances caractéristiques imitant les algues, les roches, les éponges, etc.

Doublant le mimétisme d'une homochromie parfaite, les espèces excellant dans cet art appartiennent surtout aux familles des Scorpénidés et des Antennaridés, spécialisées dans la chasse à l'affût.
On peut noter parmi les as du camouflage le dragon d'Australie *(Phycodurus eques)*, un hippocampe qui se fond parfaitement parmi les algues. La même technique est adoptée par le poisson-lime *Chaetodermis penicilligera*.
On distingue le mimétisme batésien qui consiste, pour une proie potentielle, à prendre l'aspect d'une espèce dangereuse ou, au contraire, pour un prédateur, à imiter un poisson inoffensif. Ainsi, *Aspidotus taeniatus*, une blennie mangeuse d'écailles, approche ses victimes en se faisant passer pour *Labroides dimidiatus*, un labre nettoyeur.
Acanthurus pyroferus et *A. tristis* sont deux chirurgiens imitant au stade juvénile diverses espèces de poissons-anges nains, jusqu'à la forme de la queue. Leur robe est identique à celle de *Centropyge vrolickii* et *C. eibli*, respectivement. On trouve également d'autres patrons mimétiques comme ceux de *Centropyge flavissimus*, *C. bicolor* ou encore *C. heraldi*. Les poissons-anges nains étant plus combatifs et mieux armés, ces chirurgiens mimétiques deviennent ainsi des proies plus « difficiles » aux yeux de leurs prédateurs.
Le patron de coloration de *Calloplesiops altivelis* est constitué de points blancs sur un fond sombre et d'un ocelle noir à la base de sa dorsale. En cas de danger, il cache l'avant de son corps dans une anfractuosité et expose sa partie postérieure, nageoires impaires largement déployées. Dans cette position, il rappelle la tête d'une redoutable murène : *Gymnothorax meleagris*.

Association entre espèces

Les relations entre les divers organismes marins sont nombreuses et diversifiées. Si la relation naturelle proie-prédateur est sans doute la plus commune, il existe de nombreuses interactions mettant en jeu des stratégies d'entraide ou de profit unilatéral. Ces relations sont arrivées à un tel stade de développement que certains animaux seraient incapables de vivre sans leur partenaire. En aquarium, il est fréquent d'observer de telles associations. Il est d'ailleurs fortement conseillé de reconstituer les relations symbiotiques ou commensales pour le bien-être des animaux hébergés.

Les poissons-pilotes peuvent également, outre les requins, accompagner d'autres poissons, comme ici un grand platax.

Stations de nettoyage

Il existe au sein du récif de véritables stations où les gros poissons (mérous, labres etc.) savent trouver les crevettes qui les débarrasseront de leurs parasites et peaux mortes. Ils s'arrêtent à un endroit précis, attendent parfois leur tour et ouvrent même la bouche pour que les crustacés puissent accéder aux fentes branchiales. L'activité de déparasitage n'est pas rare non plus chez les poissons. Il peut s'agir d'espèces spécialisées (*Labroides dimidiatus*, *Gobiosoma* spp.) ou de nettoyeurs occasionnels comme les poissons-anges juvéniles. Le bénéfice est ici réciproque puisque le nettoyeur assure ses besoins alimentaires et débarrassant son « client » des parasites et des peaux mortes.

Fée du logis

Les crevettes-pistolets (genre *Alpheus*) entretiennent une relation symbiotique avec de nombreuses espèces de gobies. Elles vivent dans leur terrier, assurant son entretien, alors que le gobie s'occupe de la sécurité en surveillant les alentours. La crevette reste en contact permanent avec le gobie par l'intermédiaire de ses antennes. Elle profite également des reliefs des repas.

La symbiose par excellence

L'image des poissons-clowns dans leur anémone est bien connue. Les tentacules urticants de l'actinie protègent le poisson de ses prédateurs, en contrepartie, il assure l'entretien de son hôte. On a souvent rapporté que le poisson-clown nourrissait également l'anémone, mais dans les faits, ce comportement est extrêmement rare. Il arrive plus souvent qu'on observe un clown retirant une proie de la cavité gastrique de l'anémone pour s'en délecter. En aquarium, on veillera à choisir une anémone dont le diamètre est trois fois supérieur à la taille adulte des

Quelques définitions

Symbiose : association étroite et obligatoire entre deux espèces permettant un bénéfice réciproque.

Commensalisme : exploitation sans préjudice d'une espèce par une autre.

Coopération : association non obligatoire entre deux espèces permettant un bénéfice réciproque.

Parasitisme : association étroite entre l'hôte et le parasite, le premier hébergeant le second qui vit à ses dépens.

clowns pour éviter que ceux-ci n'importunent leur hôte.

Commensalisme

Les oursins et notamment les oursins-diadèmes abritent entre leurs piquants des petits poissons commensaux (Syngnathidés, Gobiésocidés ou Apogonidés) qui trouvent là un refuge face aux prédateurs. Un certain nombre de poissons mimétiques vivent cachés à la surface d'invertébrés.

Les poissons-nettoyeurs débarrassent leurs « clients » des tissus morts et des parasites sans craindre la prédation.

Le poisson-clown et son anémone est la représentation typique de la symbiose.

Ils ont développé un patron de coloration voire une texture de tégument tellement semblables à ceux de leur hôte qu'il faut un œil extrêmement exercé pour les discerner. C'est le cas par exemple de nombreux hippocampes pygmées et poissons-aiguilles (Syngnathidés), qui se dissimulent parmi les branches de coraux mous ou de gorgones et de porte-écuelles (Gobiésocidés) vivant plaqués contre les épines d'oursins ou les bras de crinoïdes.
Les aurins (Carapodidés) sont eux adaptés à vivre à l'intérieur même de leur hôte.
Ce sont des poissons anguilliformes et translucides, dépourvus d'écailles et de pelviennes, ils passent la journée dans l'intestin d'holothuries ou la cavité palléale de bivalves et quittent leur abri la nuit pour se nourrir de petits poissons et crevettes.

Tableau d'association entre les poissons-clowns et leurs anémones

	Cryptodendrum adhaesivum	*Entacmea quadricolor*	*Macrodactyla doreensis*	*Heteractis magnifica*	*Heteractis crispa*	*Heteractis aurora*	*Heteractis malu*	*Stichodactyla haddoni*	*Stichodactyla gigantea*	*Stichodactyla mertensii*
Amphiprion akalopisos	●	●	●	○	●	●	●	●	●	●
Amphiprion bincinctus	●	○	●	○	○	○	●	●	○	●
Amphiprion clarkii	○	○	○	○	○	○	○	○	○	○
Amphiprion ephippium	●	○	●	●	○	●	●	●	●	●
Amphiprion frenatus	●	○	●	●	○	●	●	●	●	●
Amphiprion nigripes	●	●	●	○	●	●	●	●	●	●
Amphiprion ocellaris	●	●	●	○	●	●	●	●	○	○
Amphiprion perideraion	●	●	○	○	○	●	●	●	○	●
Amphiprion polymnus	●	●	●	●	○	●	●	○	●	●
Amphiprion sandaracinos	●	●	●	●	○	●	●	●	●	○
Premnas biaculeatus	●	○	●	●	●	●	●	●	●	●
Dascyllus trimaculatus	●	○	○	○	○	○	○	●	○	○

D'après : Daphne G. Fautin and Gerald R. Allen, *Field guide to anemonefishes and their host sea anemones*, Western Australian Museum (1992).

D'où proviennent les poissons d'aquarium marin ?

La pêche à l'épuisette remplace la pêche au cyanure (ici aux Maldives). Les populations locales gèrent plus durablement leurs ressources naturelles.

Les poissons qui s'ébattent dans nos aquariums ont, pour l'immense majorité, été prélevés dans le milieu naturel. Un très petit nombre est issu de reproduction réalisée en aquaculture. Quelques-uns enfin ont été pêchés sur le récif à l'état de larves et élevés en captivité.

La pêche de poissons d'ornement sur les récifs est une activité née après guerre avec le développement de l'aquariophilie marine. Elle concerne essentiellement le Sud-Est asiatique — Indonésie et Philippines — région la plus riche en espèces. Les autres zones de récolte sont l'ouest de l'océan Indien — Île Maurice, Maldives et côte africaine —, l'océan Pacifique, les Caraïbes et la mer Rouge. Le volume des exportations depuis ces régions est relativement modeste mais les poissons qui en sont originaires sont plus demandés car il s'agit fréquemment d'espèces endémiques ; de plus, les spécimens proposés à la vente sont souvent de meilleure qualité que ceux provenant du Sud-Est asiatique.

Les poissons sont stockés séparément avant le passage du collecteur.

La plupart des espèces marines proviennent d'un prélèvement en milieu naturel.

La capture est réalisée en plongée, les techniques sont multiples et toujours artisanales, parfois spécialement adaptées à une ou quelques espèces plus recherchées ayant une plus forte valeur ajoutée. La pêche se pratique généralement au filet vertical vers lequel les poissons sont repoussés puis capturés à l'épuisette par le plongeur. Depuis quelque temps, une grande poche de plastique transparent vient parfois remplacer le filet. Certains pêcheurs utilisent aussi une sorte d'épervier qu'ils lâchent au-dessus des poissons nageant en pleine eau, d'autres brisent les pâtés de corail dans lesquels se sont réfugiés les poissons.

On a souvent décrié la pêche au cyanure mais cette technique destructrice, autrefois très répandue, est en net recul.
Grâce à des programmes éducatifs, les pêcheurs ont pris conscience qu'il n'était pas dans leur intérêt de dévaster leur zone de collecte. De plus, le taux de mortalité des poissons ainsi capturés est extrêmement élevé tout au long de la chaîne commerciale. Pour une fois la loi du marché a joué en faveur de la protection de la nature : acquérir et revendre des animaux mourants ne favorise pas la prospérité économique.
Les pêcheurs stockent leurs prises en attendant le passage d'un collecteur qui fait la tournée des récolteurs de sa région et remet leur pêche à un exportateur. Celui-ci regroupe les poissons avant de les expédier vers les pays consommateurs — États-Unis, Japon et Europe — soit chez un importateur, soit directement chez les détaillants par l'intermédiaire commercial d'un transshipper. Tant qu'il se trouve dans son pays d'origine, le poisson n'a pas une valeur marchande importante et, notamment chez le pêcheur, il est maintenu dans des conditions souvent déplorables et n'est généralement pas nourri, si bien qu'il arrive fréquemment dans son pays de destination très affaibli et amaigri. C'est le réceptionnaire (importateur ou détaillant) qui acclimate les animaux — en France dans des locaux agréés par la Direction des Services Vétérinaires et pendant trois jours au moins — et qui en supporte les coûts et les risques. Plus la période d'acclimatation est longue, plus l'animal sera cher mais plus l'aquariophile a de chances d'acquérir un poisson en bonne santé.

La technique de pêche la plus fréquente est l'installation d'un filet dans lequel les poissons seront rabattus.

D'où proviennent les poissons d'aquarium marin ?

Amphiprion ocellaris d'élevage.

L'aquaculture maîtrisant la totalité du cycle reproductif ne concerne qu'un nombre restreint d'espèces. Quelques fermes aquacoles dans le monde produisent à l'échelle commerciale des poissons-clowns (une dizaine d'*Amphiprion* spp. et *Premnas biaculeatus*), une dizaine d'espèces de pseudochromis, quelques gobies et hippocampes et un petit nombre d'autres espèces dont *Pterapogon kauderni, Opistognathus aurifrons, Centropyge loriculus, Calloplesiops altivellis* et *Holacanthus venustus*. Le prix de revient de ces poissons d'élevage est extrêmement élevé et pour concurrencer les animaux sauvages, ils sont vendus à une taille très réduite. En contrepartie, ils sont parfaitement adaptés à la captivité.

Des investissements considérables en recherche et développement sont consentis dans le but de maîtriser le cycle de reproduction de poissons à plus forte valeur ajoutée comme *Pomacanthus maculosus* et *P. asfur*. Toutefois, quels que soient les progrès réalisés, les coûts de production resteront vraisemblablement prohibitifs et l'éventail des espèces susceptibles d'être reproduites en captivité ne sera jamais très étendu.

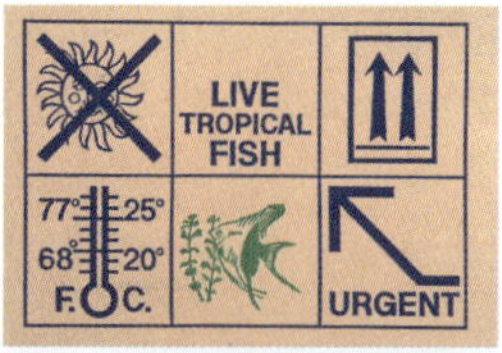

Les caisses de transport de poissons sont repérées afin de porter la plus grande attention possible à leur contenu vivant.

Des découvertes récentes concernant le cycle reproductif des poissons récifaux ont permis l'élevage en pisciculture de post-larves prélevées dans la nature. En effet, qu'ils soient pondus en pleine eau ou sur le substrat, les œufs ou les larves de la

Post-larves d'espèces marines élevées en captivité. Peut-être la formule d'avenir pour préserver les récifs ?

Aquariophilie et protection de l'environnement

Même si elle est moins destructrice que la pêche des poissons de bouche ou la récolte de calcaire pour la construction — sans parler de l'éradication pure et simple des récifs due au creusement de port, au remblaiement pour la création d'aéroports ou à la pollution liée à la surpopulation ou au déboisement des zones côtières — la collecte de poissons d'aquarium n'est pas complètement anodine pour l'écosystème. Elle a par exemple fortement menacé *Pterapogon kauderni*, une espèce il est vrai endémique d'une aire très limitée, l'archipel de Banggai. Toutefois, il est illusoire de croire que l'abandon de toute forme d'exploitation du récif serait la meilleure façon de le préserver. Au contraire, une bonne gestion des ressources naturelles par une exploitation raisonnée et durable, incite les populations locales à respecter et protéger l'environnement qui est leur source de revenu.

Ainsi, la pêche ciblée, par des techniques manuelles, de juvéniles et d'adultes qui seront ensuite maintenus dans de bonnes conditions tout au long de la chaîne commerciale ou l'élevage de post-larves collectées lors de leur retour au lagon, permettent à l'aquariophile de participer à la protection du récif pourvu qu'il accepte de payer ses poissons un peu plus cher. En effet si le prix accordé au pêcheur est plus élevé, on l'incite à maintenir et à nourrir correctement ses prises afin de commercialiser des animaux en meilleur état et de limiter les pertes. Cela sert directement l'intérêt de l'aquariophile. De plus, on évitera de prêter le flanc aux critiques des défenseurs des animaux, zélés et bien-pensants, qui à un problème — indéniablement réel — de bien-être animal ne connaissent généralement que la réponse de l'interdiction pure et simple.

plupart des espèces du lagon sont emportés par les courants vers la pleine mer. Les larves transparentes y mènent une vie planctonique pendant environ 3 semaines à 2 mois, avant de se métamorphoser et de revenir coloniser le lagon.

Post-larve d'*Ostracion cubicus.*

C'est à ce moment que les post-larves sont capturées, grâce à des filets placés sur la crête récifale, puis élevées en captivité jusqu'au stade juvénile. Dans ce cas également, les spécimens mis en vente sont parfaitement acclimatés aux conditions de l'aquarium. Les études ont montré que la perte par prédation peu après le retour au lagon représente plus de 90% de la population des post-larves, le prélèvement est donc pratiquement indolore pour le milieu. Les premières semaines de développement larvaire représentent la partie la plus délicate du cycle et donc la plus difficile à maîtriser en captivité. Elle est ici laissée aux soins de la nature. Cette technique prometteuse concerne d'ores et déjà 200 espèces environ.

Les poissons marins en aquarium

Coris formosa, comme de nombreux labres, apprécie une bonne épaisseur de substrat pour s'enfouir.

Que l'on considère une installation consacrée aux seuls poissons ou un aquarium mixte les associant aux invertébrés, les facteurs décidant de l'échec ou de la réussite d'une introduction sont identifiés et maîtrisables à condition d'être attentif et exigeant : il convient de réfléchir à l'acquisition de chaque spécimen (voir encadré).

La maintenance des poissons coralliens en aquarium consiste en fait à entretenir une communauté animale. Il faut donc tout d'abord opter, soit pour un aquarium de poissons seuls, hébergeant la plupart du temps des fortes têtes très opportunistes sur le plan alimentaire, soit pour un aquarium récifal reproduisant un habitat et une population naturels. On veillera ensuite à l'adéquation de l'environnement captif aux besoins des animaux.

Le confinement dans l'aquarium prive les poissons de la liberté d'aller à la recherche d'un environnement qui leur convient mieux. Par exemple, les microphages habitent souvent un milieu calme, relativement riche en nutriments, au substrat recouvert d'algues gazonnantes favorables à la prolifération des crustacés millimétriques dont ils se nourrissent. Les grands nageurs, comme les poissons-chirurgiens, apprécient l'eau suroxygénée et agitée de la pente externe, où la force du courant leur

Quinze questions à se poser avant d'acquérir un poisson corallien

Régime alimentaire et prédation :

1- Quel est son régime alimentaire ?
2- Dans le cas d'une forte spécialisation, peut-on se procurer l'aliment essentiel ou existe-t-il une nourriture de substitution ?
3- Est-ce un prédateur, en d'autres termes constitue-t-il une menace pour les habitants de l'aquarium : anthozoaires et autres invertébrés sessiles ; crustacés, escargots et autres invertébrés vagiles ; poissons de petite taille ?

Comportement social :

4- Est-ce un poisson territorial ?
5- Manifeste-t-il une agressivité intraspécifique ?
6- Manifeste-t-il une agressivité interspécifique ?
7- Requiert-il la présence de poissons de la même espèce pour constituer un couple, un harem ou un banc ?

Environnement et aquariophilie :

8- Requiert-il un grand territoire ?
9- Requiert-il un espace important pour la nage libre ?
10- Requiert-il un substrat particulier ?
11- Est-ce un poisson d'eaux calmes ou provenant d'une zone de haute énergie ?
12- Est-ce un poisson d'eau profonde préférant un éclairement modéré ?
13- Vit-il en symbiose avec des invertébrés ? Lesquels ?
14- Requiert-il une couverture de l'aquarium pour éviter qu'il ne s'échappe ?
15- Sa maintenance en aquarium est-elle réputée difficile ?

impose une importante dépense d'énergie. On ne peut donc pas tout faire dans un seul aquarium et il est préférable d'établir un projet de peuplement qui réponde globalement aux questions qu'on aura pris soin de se poser concernant chaque candidat (voir encadré).

Une densité de population acceptable est un préalable à l'équilibre social et au maintien de la qualité d'eau. Pour l'évaluer, on effectue un calcul prenant en compte la masse approximative des poissons.

1) Pour chaque spécimen, on multiplie la longueur totale en centimètres par elle-même deux fois et on divise par 25. En principe, on prend en compte la taille adulte des animaux, et non leur taille actuelle s'ils sont juvéniles ou subadultes.

2) On ajoute les contributions individuelles et on divise la somme obtenue par le volume de l'aquarium en litres : on obtient l'indice de densité de population, DP.

3) La règle d'évaluation est la suivante :

- DP inférieur à 1 : densité de population faible.
- DP compris entre 1 et 2 : densité de population raisonnable.
- DP supérieur à 2 : surpopulation.

Exemple : on considère deux poissons adultes, de 8 cm et 14 cm, dans 100 litres.

$[(8 \times 8 \times 8)/25+(14 \times 14 \times 14)/25]/100 = 1{,}3$ donc l'aquarium est raisonnablement peuplé.

D'une manière générale, un aquarium n'est jamais trop grand et le bon sens doit guider les choix en matière de peuplement. Cet indice de densité permet d'éviter les erreurs grossières.

On prendra également en compte les différents types de relations possibles entre les poissons coralliens. Il s'agit de limiter autant que faire se peut les risques de conflits en n'imposant pas les cohabitations génératrices d'interaction agressive. Dans un aquarium récifal, l'écosystème captif convergera plus facilement vers la stabilité si les consommateurs s'intéressent à des ressources alimentaires différentes.

Les poissons marins en aquarium

Paracanthurus hepatus est un chirurgien planctophage et non herbivore comme pourrait le laisser croire les habitudes alimentaires de beaucoup d'autres membres de la famille.

Enfin, on assurera en permanence une qualité d'eau suffisante et on nourrira ses pensionnaires avec discernement :

- **Sur le plan quantitatif**, il ne s'agit pas de les affamer dans le but utopique de limiter la pollution ! Un aquarium marin judicieusement équipé et consciencieusement entretenu n'a aucune raison de voir les concentrations en nutriments dépasser des valeurs acceptables. En outre, une insuffisance d'apports organiques est éventuellement préjudiciable à l'équilibre fragile qui s'instaure dans l'écosystème captif. Par exemple, elle peut favoriser le développement des cyanobactéries indésirables ou perturber l'élimination naturelle des nitrates. Pour éviter les dérèglements, il est préférable de favoriser un flux important de matière – importations par la nourriture, recyclage par l'environnement avec l'aide de l'équipement et exportations grâce à l'entretien – plutôt que de concentrer son effort sur une seule et illusoire limitation des apports.

- **Qualitativement**, il faut attacher une attention particulière à la connaissance des régimes alimentaires de ses pensionnaires, et bien se garder d'établir des généralités. Par exemple, les poissons-chirurgiens sont souvent invariablement considérés comme herbivores, alors que certains sont planctophages (*Paracanthurus hepatus* et *Acanthurus thompsoni*, entre autres) ou détritivores *(Ctenochaetus* spp.). Parmi les végétariens eux-mêmes, l'épaisseur de la paroi stomacale révèle des différences significatives : on distingue les herbivores sur substrat meuble *(A. pyroferus*, par exemple) ou dur *(A. lineatus*, *Zebrasoma scopas,* etc.), et les spécialistes des macroalgues (*Naso lituratus*, *Z. veliferum,* etc.). La distribution de nourriture sera d'autant plus profitable qu'elle sera ciblée.

Si l'on exclut les méthodes de collecte et d'acclimatation des animaux à leur arrivée, la principale cause de mortalité des poissons d'aquarium est le stress, qui découle de raisons diverses :

- **écologiques** : espace vital réduit, instabilité de la température ou de la

Quelques clés pour l'association des poissons agressifs

On considère un aquarium marin hébergeant un poisson agressif, dans lequel on souhaite introduire un nouveau. Les situations ci-dessous, décrivant le nouveau venu, ont une probabilité croissante de réussite, la première étant la moins recommandée en matière d'agressivité du premier à l'encontre du second :

1- Poisson de la même espèce et plus petit.
2- Poisson de la même espèce et de taille similaire.
3- Poisson de la même espèce et plus grand.
4- Poisson du même genre et de coloration semblable, du plus petit au plus grand.
5- Poisson du même genre et de coloration sensiblement différente, du plus petit au plus grand.
6- Poisson de la même famille et de coloration semblable, du plus petit au plus grand.
7- Poisson de la même famille et de coloration sensiblement différente, du plus petit au plus grand.
8- Poisson de la même famille et de morphologie sensiblement différente, du plus petit au plus grand
9- Poisson d'une autre famille et de même régime alimentaire, du plus petit au plus grand.
10- Poisson d'une autre famille et de régime alimentaire différent, du plus petit au plus grand.

Généralement, on introduit les poissons dans l'aquarium par territorialité et agressivité croissantes.

salinité, manque d'oxygène, nourrissage inadapté ;
- **sociales** : compétition pour l'espace ou la nourriture, surpopulation ;
- **aquariophiles** : perturbation chronique de l'environnement, tentatives de capture.

La première des précautions à prendre concerne la décoration de l'aquarium. Souvent, les considérations techniques gouvernant l'agencement de la cuve renvoient les exigences des poissons au second plan. Il convient tout d'abord de limiter le volume du récif artificiel de façon à ménager un espace suffisant pour la nage libre. D'autre part, les poissons coralliens défendent des territoires à l'intérieur desquels les intrus ne sont pas volontiers admis, il est donc essentiel que le décor soit suffisamment « aéré » pour que ces derniers puissent s'enfuir en cas de conflit. Il devra néanmoins présenter une multitude de cachettes facilitant la retraite des individus subissant la domination de leurs voisins.

Une habitude trop répandue consiste à ne pas disposer de sable au fond de l'aquarium dans le but d'améliorer l'hygiène. Dans ces conditions, il est évidemment irréaliste d'envisager la maintenance de nombreux labres, qui aiment se dissimuler dans un substrat meuble d'au moins 5 cm d'épaisseur. De la même façon, il faut penser à associer des sables et graviers de granulométries variées, pour que les gobies et autres poissons-fléchettes puissent solidifier leur terrier.

Les anthozoaires supportent des amplitudes thermiques quotidiennes importantes, si bien que de nombreux aquariums récifaux utilisent les lampes comme seule source de chaleur, et évacuent les calories grâce à un ventilateur ou à groupe de refroidissement pendant les mois d'été. La stabilité de la température et de la salinité sont des facteurs auxquels les poissons coralliens sont très sensibles. Aussi, il n'est pas raisonnable de faire l'économie d'un système de chauffage automatique et d'un osmolateur pour compenser l'évaporation. Dans un aquarium marin, il convient de maintenir une température modérée (24 à 25°C) et une densité suffisante (1.021 à 1.023 pour les poissons seuls ; 1.023 à 1.024 en récifal).

L'aquarium de poissons coralliens

L'aquarium de poissons coralliens est une vérita-ble féerie de couleur.s Sa réalisation est finalement assez simple, mais soumise à la rigueur.

Comme son nom l'indique, un aquarium de poissons coralliens est consacré (presque) exclusivement à ces hôtes. On peut réaliser un tel bac avec tous les poissons susceptibles d'être maintenus en aquarium, il est toutefois souhaitable de réserver cette solution aux poissons qui n'ont pas leur place dans une communauté récifale captive, soit parce qu'ils représentent une menace pour leurs voisins — invertébrés sessiles et vagiles, autres poissons — soit parce qu'ils y seraient eux-mêmes en danger et de réaliser un aquarium récifal à chaque fois que c'est possible.

On peut distinguer deux catégories d'aquariums de poissons marins tropicaux :

- l'aquarium de poissons généraliste, représentatif de biotopes comme la pente externe récifale profonde envisagée ci-dessous : cuve de prédilection pour les grands pollueurs, elle nécessite un équipement complémentaire important pour éliminer l'ammonium et les nitrites produits ; on y emploie souvent un filtre extérieur à ruissellement, voire un dénitrateur biologique quand le besoin s'en fait sentir ;

- l'aquarium de poissons spécialisé, représentatif de biotopes comme l'herbier de lagon décrit ci-dessous : en principe, il s'agit d'une installation ne subissant pas une très forte pollution et la spécificité tient principalement à l'isolement d'animaux inaptes à faire face aux conflits interspécifiques. Dans ce cas, le complément de filtration biologique sera facultatif ou succinct et assuré par des mousses verticales ou un filtre intérieur.

Pour tous les aquariums de poissons coralliens, les changements d'eau restent le meilleur moyen d'entretenir l'écosystème captif. Aussi réduits que 10% chaque mois pour un aquarium spécialisé peu peuplé, ils seront généralement de 10% chaque semaine pour les cuves généralistes.

Pour ces dernières, la technique du changement d'eau continu par goutte-à-goutte est la plus adaptée. Dans ce cas, on renoncera à l'osmolateur qui s'impose autrement pour réguler la salinité et le niveau d'eau.

Quand bien même la qualité d'eau est un paramètre essentiel de la réussite pour l'aquarium, ce n'est pas le seul et il n'y a pas qu'un modèle d'aquarium de poissons coralliens. On prendra donc soin d'identifier et d'étudier le biotope correspondant aux poissons que l'on souhaite maintenir, et en particulier de préciser les valeurs de ses facteurs environnementaux (température, lumière, mouvement de l'eau, substrat).

Considérons deux exemples pour apprécier l'importance de ces facteurs.

- Pente externe récifale profonde : ce milieu rocailleux plongé dans une lumière tamisée et bleutée, est l'habitat de gros spécimens de mérous et autres grands carnassiers. Le substrat est principalement dur et comprend des pierres vivantes. L'éclairage modéré est assuré par des tubes fluorescents blancs et bleus dans des proportions comparables, avec une puissance normalisée de 200 à 250 W/m^2. Le brassage, d'un débit horaire égal à environ 10 fois le volume, est assuré par plusieurs pompes centrifuges.

- Herbier de lagon : il s'agit de réaliser un tapis végétal, de caulerpes ou de phanérogames marines, dans un aquarium consacré à des espèces calmes et microphages, comme les hippocampes ou les mandarins. Le substrat est exclusivement constitué d'une couche épaisse de sable fin et calcaire, pouvant dépasser 15 cm. Un apport de sable vivant permet d'ensemencer l'écosystème captif en microorganismes.

L'aquarium de poissons coralliens

Quelques espèces de poissons demandent un aquarium spécifique. C'est le cas des hippocampes qui, de par leur lenteur à s'alimenter, redoutent la concurrence d'autres poissons.

La lumière fournie par des halogénures métalliques atteint 300 W/m² et le brassage est modéré (débit horaire de 3 à 5 fois le volume) avec une inversion du sens du courant toutes les 6 heures. La température est maintenue à 24°C grâce aux lampes et à un chauffage d'appoint thermostaté.

La réalisation d'un aquarium de poissons coralliens moderne passe par une règle de base : on ne mettra jamais de médicaments dans la cuve d'exposition. On laisse s'y développer les processus naturels d'épuration et une biodiversité des microorganismes bénéfique pour l'équilibre durable. Le substrat, dur ou meuble, sera donc favorable à la fixation des populations de microbes et de la microfaune ; on privilégiera les solutions naturelles, comme le sable vivant ou les roches vivantes.

Les éléments précédents permettent d'aborder la maintenance des poissons marins avec simplicité, sans compromettre les résultats. Pour les amateurs perfectionnistes qui bénéficient d'un peu plus d'expérience, il est possible d'améliorer encore la maintenance.

- La stérilisation de l'eau permet de limiter la quantité de pathogènes en circulation dans le système. Elle doit être permanente pour présenter un véritable intérêt. Les ultraviolets sont très efficaces mais on pourra également faire d'une pierre trois coups en injectant de l'ozone dans l'écumeur :

1- stérilisation de l'eau : technique se substituant aux ultraviolets ;

2- oxydation de l'ammonium en nitrites, puis nitrates : technique complémentaire de la filtration biologique ;

3- dissociation en molécules tensioactives puis élimination par écumage des molécules réfractaires qui colorent l'eau : technique permanente plus efficace que la seule filtration sur charbon actif.

- Le métabolisme des poissons marins produit de nombreux acides organiques qui altèrent le pouvoir tampon de l'eau de mer et présentent une influence néfaste (baisse du pH, jaunissement de l'eau) que même des changements d'eau importants sont souvent incapables de contrebalancer. La compensation de l'évaporation par de l'eau de chaux (une solution saturée d'hydroxyde de calcium), plutôt que par de l'eau pure, permet d'entretenir l'alcalinité de l'eau de mer et améliore en outre le rendement de l'écumeur.

Une approche raisonnée de la maintenance des poissons coralliens en aquarium permet d'acquérir une somme considérable de connaissances sur leur biologie et leur écologie, connaissances qui ouvrent des perspectives inédites vers la reproduction de ces animaux. Le meilleur des systèmes ne remplace pas une maintenance avisée et attentive : la fréquence et la variété des nourrissages, tout comme l'entretien régulier, sont les clés d'un succès durable.

L'équipement de base

Le traitement de l'eau privilégiera les processus d'élimination de la matière aux dépens des processus de transformation. Outil indispensable, un écumeur bien dimensionné extrait par fixation à l'interface air-eau des polluants tensioactifs complexes avant qu'ils ne se dégradent en molécules plus petites et difficiles à extraire. Un filtre mécanique, nettoyé aussi souvent que nécessaire, complète cette action en retenant les particules en suspension. Un charbon actif exempt de phosphates adsorbe les molécules colorantes non écumables.

L'éclairage met généralement en œuvre des tubes fluorescents, sous la forme d'une combinaison de lampes « lumière du jour » et bleues. Des projecteurs aux halogénures métalliques sont nécessaires à l'illumination des cuves profondes. Les autres sources lumineuses sont à proscrire.

Des pompes à eau sont consacrées au brassage de l'eau si on choisit de reproduire un environnement de haute énergie. Sinon, la ou les pompes de circulation assurent cette fonction.

L'écumeur de protéines est indispensable en aquarium marin, il devient le centre de la dépollution en aquarium récifal.

L'aquarium récifal

Dans un aquarium récifal, on s'efforce de reconstituer un habitat récifal, dans sa diversité et sa complexité : poissons, végétaux, mais aussi invertébrés sessiles et vagiles. Les aquariums de poissons spécialisés, décrits au chapitre précédent, constituent une transition entre les aquariums de poissons généralistes et les aquariums récifaux. Ces derniers reproduisent le plus souvent les pentes interne ou externe du récif, qui présentent la plus grande biodiversité, mais ils peuvent aussi être consacrés au lagon, au platier, voire aux écosystèmes adjacents, herbiers et mangroves.

Poissons et coraux, le milieu naturel est recréé !

Depuis les premiers aquariums récifaux des années 60, les techniques de maintenance de ces écosystèmes captifs ont considérablement évolué avec le savoir-faire aquariophile et les développements de l'industrie spécialisée. Ces progrès ont convergé vers une approche rationnelle de l'aquarium : on cherche d'abord à y maîtriser les facteurs environnementaux (température, lumière, mouvement de l'eau, substrat) et on se contente d'y seconder les processus naturels d'épuration de l'eau, ou plus exactement de recyclage de la matière.

• D'abord, l'aquarium récifal est peuplé de façon à favoriser un équilibre biologique général qui repose sur la biodiversité : poissons, mollusques, échinodermes et crustacés sont choisis non seulement pour leurs qualités esthétiques mais aussi pour leurs rôles écologiques complémentaires. En particulier, ils favorisent l'action des micro-organismes présents dans l'aquarium.

• En conséquence, le système de traitement d'eau peut se limiter au seul écumeur, éventuellement secondé par un filtre mécanique et/ou du charbon actif. L'originalité est que l'aquarium ne bénéficie d'aucun filtre à proprement parler, puisqu'il est le « filtre » lui-même, les pierres vivantes et le substrat sableux assurant jusqu'à la dénitrification, c'est-à-dire l'élimination naturelle des nitrates.

• Les halogénures métalliques avec des luminaires grand-angle ou les lampes fluorescentes intenses constituent la source lumineuse principale « lumière du jour » ou bleutée, alors que des tubes fluorescents bleus assurent les transitions crépusculaires. Le brassage de l'eau est réalisé au moyen de pompes à eau puissantes, multiples et souvent commandées par des générateurs de vagues.

	Moyen	Objectif
Chauffage	> 50 W pour 100 litres	Température fixe : 26°C
Éclairage	> 300 W/m_ : 80% blanc + 20% bleu	Éclairement : > 20 000 lux
Brassage	º 10 fois le volume net par heure	Vitesse de l'eau : 10 à 100 cm/s
Changement d'eau	º 5 % par mois	Densité : 1,023 à 1,025
Calcium / Alcalinité	Réacteur spécifique ou produits	Calcium > 400 mg/l Alcalinité > 7°all
Nutriments	Nitrates < 10 mg/l Phosphates < 0,1 mg/l	
Écumage	Débits d'eau et d'air : chacun 1 à 2 fois le volume net par heure.	
Filtration	Uniquement mécanique, voire charbon actif. Pas de filtre biologique.	
Décor	Pierres vivantes. Environ 20 kg pour 100 litres.	
Population poissons	Indice de densité DP < 2 (voir chapitre précédent). Attention aux relations interspécifiques.	
Population invertébrés vagiles	> 10 herbivores et détritivores pour 100 litres. Attention aux déprédateurs.	
Population invertébrés sessiles	Couverture du substrat. Anticiper la croissance et la compétition pour l'espace.	
Nourriture poissons	Petites doses fréquentes. Ne pas négliger l'apport végétal.	
Nourriture invertébrés sessiles	Surtout carnée et indispensable pour les animaux sans zooxanthelles.	

Tableau 1. Les clés de l'aquarium récifal.

La supplémentation permet de combler les déficits en oligo-éléments dus à l'écumage et aux cycles biologiques et chimiques. Attention, une surdose peut être pire qu'une carence !

• En fonction de la taille de l'installation et du biotope reconstitué, différentes techniques permettent d'entretenir l'alcalinité et la concentration en calcium, facteurs déterminant de la calcification des invertébrés.

• Des changements d'eau modérés ainsi qu'une complémentation régulière et ciblée permettent d'entretenir la concentration des éléments vitaux, en particulier le strontium et l'iode.

Cette méthode semi-naturelle permet de maintenir des communautés coralliennes à long terme, dans des volumes variant de quelques dizaines de litres à plusieurs centaines de mètres cubes.

Le démarrage de l'aquarium demande à la fois de l'attention et de la patience. Des actions inconsidérées pendant cette période critique pourront avoir des conséquences difficilement contrôlables durant toute la vie de l'écosystème captif. Mais la difficulté essentielle consiste à passer le cap de la maturation transitoire, qui voit le milieu prendre forme pendant les 12 à 18 premiers mois de son existence et s'orienter vers un état stationnaire. Comme son modèle naturel, l'aquarium récifal est en équilibre dynamique et en perpétuelle évolution. Il faudra savoir y gérer la croissance de la population, qui influence fortement les relations interspécifiques et la compétition pour l'espace, mais aussi le dimensionnement ou l'implantation des appareils de brassage, voire d'éclairage. La gestion de la sédimentation à long terme peut également s'avérer problématique dans certaines installations, si on ne prend pas soin de l'anticiper par des mesures écologiques ou techniques.

L'un des progrès futurs de l'aquarium récifal sera sans aucun doute la généralisation des bacs biotopes et régionaux prenant en compte la provenance des organismes, autant que les préoccupations écologiques liées à la zonation récifale. Les efforts de certains aquariums publics, qui constituent une collection unique de poissons tropicaux rares, sont remarquables à cet égard et complètent tout à fait les initiatives d'aquaculture ornementale marine.

Nota : Tous les poissons ne sont pas les bienvenus dans un aquarium récifal : consultez attentivement leur fiche !

Peupler un aquarium marin

Attention, les mâles de certaines espèces ne se tolèrent pas (ici *Synchiropus splendidus*)!

Concevoir une population

Avant de choisir une population de poissons, il convient d'établir un projet d'aquarium cohérent. En effet, les animaux compatibles avec un aquarium de poissons généraliste, un aquarium de poissons spécialisé ou un aquarium récifal ne sont pas les mêmes. De plus, si l'on opte pour un bac géographique, il faudra restreindre son choix à une région ; si l'on choisit un aquarium biotope, le peuplement sera limité aux animaux vivant naturellement dans un environnement particulier. Compte tenu de ce qui précède, on vérifiera la compatibilité des poissons avec les principales caractéristiques de l'environnement captif choisi : température, brassage, etc. et des animaux entre eux : comportement territorial, agressivité, risque de prédation, etc. en s'efforçant, à chaque fois que c'est possible, de reproduire les associations existant dans la nature (voir ce chapitre page 18). Pour ce faire, l'étude de la documentation (livres, presse spécialisée, Internet...) constitue un préliminaire essentiel qui permettra de dégrossir le sujet et d'en parler en connaissance de cause avec les aquariophiles plus expérimentés auxquels il sera judicieux de soumettre son projet. N'hésitez pas à faire appel aux associations ou aux commerçants, leurs conseils sont souvent précieux.

Volume et population

Après avoir établi le projet de peuplement, vérifiez que l'indice de densité de population, DP, est inférieur à 2 (voir le chapitre « Les poissons marins en aquarium » page 24). Même s'il ne constitue pas une règle absolue, cet indice représente une bonne base de réflexion.

Les points à retenir

- La prédation est bien évidemment le premier facteur interdisant une éventuelle cohabitation. On ne mélange pas la proie et son chasseur !
- Respecter la densité de poissons pour éviter un trop grand confinement et une surpopulation dangereuse pour l'équilibre du bac.
- Respecter le mode de vie et la structure sociale.
- Vérifier l'agressivité intraspécifique.
- Prendre en compte le régime alimentaire. Les coraux sont dévorés par des prédateurs spécifiques (*Chaetodon*) ou occasionnels (poissons-anges). Balistes et grands labres (*Gomphosus*, en particulier) sont des prédateurs dangereux des mollusques. Les mangeurs de crustacés sont légion (balistes, antennaires, scorpènes, mérous, grands labres, *Calloplesiops altivelis*...). N'achetez que des poissons dont vous connaissez l'alimentation. Certains sont quasiment impossibles à nourrir en captivité tant leur régime est spécialisé !

Le volume de l'aquarium est un paramètre fondamental car, outre la densité de population, il influe directement sur le comportement des poissons et donc sur la possibilité de faire cohabiter certains d'entre eux. Divers poissons (balistes, poissons-anges...) se montrent belliqueux ou intolérants vis-à-vis des nouveaux venus quand le volume est inadapté à leurs besoins alors qu'ils sont parfaitement pacifiques lorsqu'ils disposent d'un espace suffisant.

Il en est de même avec les poissons territoriaux. Lorsque le bac est petit, les territoires se chevauchent et les querelles éclatent inévitablement. En revanche, si l'aquarium est suffisamment vaste pour que chaque domaine soit bien séparé de celui du voisin, les poissons vivent en bonne harmonie mais cela suppose de très grands volumes. Ainsi, deux mâles *Synchiropus splendidus* se livreront des combats mortels dans un bac inférieur à 600 litres. Dans un volume supérieur, avec un décor judicieusement aménagé — comportant des barrières visuelles —, plus de problèmes.

Le respect du biotope et du mode de vie

Le bien-être et la bonne entente entre les poissons passent aussi par le respect de leur biotope. Si les poissons ne retrouvent pas l'environnement auquel ils sont adaptés, leur comportement est modifié et ne correspond plus aux observations indiquées dans la littérature. Cela se traduit souvent par un stress ou une prostration mais peut aussi engendrer une agressivité envers les autres locataires.
Les poissons grégaires sont achetés en groupe de quelques individus. Les structures de couple ou de harem doivent également être reconstituées. En aquarium, les poissons-anges et une majorité de chirurgiens supportent difficilement les membres de leur propre espèce. Un individu d'une espèce au patron de coloration très proche peut également subir les manifestations de leur comportement territorial.
Dans la nature, le récif offre aux poissons dominés des retraites rapides et faciles dont ils ne disposent pas forcément en aquarium. La création de cachettes et/ou d'écrans visuels peut alors se montrer très utile pour éviter les affrontements.

Les poissons-anges, ici *Holacanthus ciliaris*, sont susceptibles de s'en prendre aux coraux.

Acclimatation et introduction des poissons

Lors de l'arrivée de tout nouveau venu, il est essentiel de procéder à une acclimatation afin de limiter le stress consécutif au changement de milieu. Comme tout être vivant, les poissons sont sensibles à leur environnement et toute perturbation violente présente un risque.

Les poches plastiques sont idéales pour ramener vos poissons. Elles doivent être doublées pour les grosses espèces et celles présentant des risques de perçage (scalpel des chirurgiens, rayons des poissons-lapins, etc.).

Le transport

Le voyage depuis le détaillant jusqu'à votre domicile doit se faire le plus rapidement possible et dans de bonnes conditions. Le poisson doit donc être placé dans une poche gonflée d'air pour un transport de moins de 2 heures ou d'oxygène pour une durée supérieure. Ce sachet doit être doublé d'un isolant permettant de conserver la température. Une glacière ou une boîte de polystyrène expansé constitue sur ce point une excellente solution.

Aquarium de quarantaine

Il est indispensable de placer tout nouvel arrivant en quarantaine pour une durée de 15 jours au moins. Même s'il a été maintenu dans des conditions idéales, il est peut-être porteur d'agents pathogènes ou de parasites qui risqueraient de contaminer les poissons déjà présents. L'eau de l'aquarium de quarantaine est de même qualité que celle du bac définitif.

Acclimater dans le sac de transport

Acclimater les poissons dans leur sachet est la solution la plus simple. Lorsque vous arrivez à votre domicile, laissez flotter la poche contenant les poissons à la surface de l'aquarium pendant 15 à 20 minutes. Cette étape a pour but d'équilibrer les températures entre l'eau de transport et celle de l'aquarium. Ensuite, ouvrez le sommet du sac et fixez-le au bord de l'aquarium avec une pince à linge par exemple. Maintenez le sachet ouvert afin que l'air reste en contact avec l'eau. À l'aide d'un verre, prélevez de l'eau dans l'aquarium et versez-la dans la poche. Renouvelez l'opération toutes les

5 minutes afin que les paramètres physico-chimiques de l'eau du sac atteignent progressivement les valeurs de l'aquarium. Quand le sachet est plein, jetez la moitié de l'eau et recommencez l'opération. Au bout de deux à trois remplissages, pêchez les poissons dans le sac, lâchez-les et jetez la totalité de l'eau de transport.

Acclimater au goutte-à-goutte

Acclimater les poissons au goutte-à-goutte est la méthode la plus sûre. Munissez-vous d'un tuyau d'aération équipé d'un robinet et d'une bassine en matière plastique de qualité alimentaire. Ouvrez le sac et videz-le délicatement dans la bassine. Plongez une extrémité du tuyau dans l'aquarium et la seconde dans la bassine placée en contrebas. Amorcez le siphon et réglez le débit avec le robinet. Pendant la période d'acclimatation, contrôlez la température et mettez un chauffage en cas de besoin. En une heure, la quantité d'eau doit avoir quadruplé. Les poissons sont alors pêchés avec une épuisette et introduits dans l'aquarium.

Attention : l'acclimatation au goutte-à-goutte n'est pas recommandée après un long séjour dans le sac de transport car elle favorise les empoisonnements à l'ammoniaque. On procédera de la même manière entre la quarantaine et l'aquarium définitif.

Détourner l'attention

Les locataires de l'aquarium ne sont pas toujours très accueillants et montrent quelquefois une certaine agressivité à l'égard des nouveaux arrivants. Il est alors nécessaire de détourner leur attention. Ainsi, il est préférable d'introduire les nouveaux venus en soirée ; la majorité des espèces prenant alors leurs dispositions pour la nuit, elles ne se préoccuperont pas du nouveau qui pourra visiter tranquillement l'aquarium. En journée, donnez un repas qui occupera les locataires pendant que l'arrivant prendra ses quartiers.

L'osmorégulation

Le milieu intérieur des organismes marins est constitué d'une solution aqueuse de sels minéraux moins concentrée que l'eau de mer. Pour maintenir cette concentration les poissons marins excrètent une grande partie des sels minéraux et absorbent une importante quantité d'eau. Ce phénomène, appelé osmorégulation, est lent. C'est pourquoi les changements de milieu doivent se faire de la façon la plus progressive possible.

Les sacs sont laissés à tremper pour que leur eau prenne doucement la température de celle de l'aquarium.

L'alimentation

Les aliments sont utilisés comme matériau pour fabriquer de la matière organique ou sont décomposés pour produire l'énergie nécessaire au métabolisme : la sous-nutrition ou la malnutrition ont donc des conséquences graves sur le développement et la longévité des animaux. Les poissons captifs dépendent de leur soigneur pour la satisfaction de leurs besoins nutritionnels et de leur appétit. Il appartient à celui-ci de savoir apprécier le régime alimentaire et les rations nécessaires à chacun de ses pensionnaires. Une erreur a priori anodine sur la qualité ou la quantité des repas peut être lourde de conséquences pour l'équilibre de l'aquarium et l'état de ses occupants. La problématique de l'alimentation est vaste mais quelques habitudes de bon sens suffiront à maintenir les animaux en bonne santé.

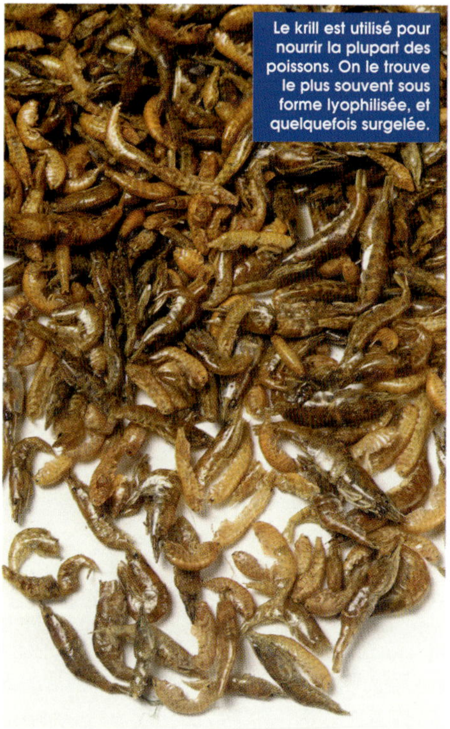
Le krill est utilisé pour nourrir la plupart des poissons. On le trouve le plus souvent sous forme lyophilisée, et quelquefois surgelée.

Le régime et la concurrence alimentaires

Un poisson ingère et assimile préférentiellement une certaine combinaison d'aliments constituant son régime alimentaire. Il est défini par la composition de la nourriture, mais aussi par sa présentation physique et la fréquence des prises. Par exemple, deux carnivores peuvent présenter des besoins très différents : un piscivore chasse ponctuellement d'autres poissons et un planctophage gobe des animalcules pélagiques de manière quasi continue. L'anatomie et la physiologie d'un poisson sont adaptées à son régime alimentaire. Le système digestif et son équipement enzymatique acceptent et assimilent des aliments préférentiels alors que la mâchoire, par sa forme, sa musculature et sa denture, permet la prise et l'absorption de la nourriture. L'identification du régime alimentaire est un préalable au nourrissage et intervient dans le projet de peuplement : malgré des rations adéquates en quantité et en qualité, la nutrition de certains pensionnaires peut s'avérer insuffisante s'ils pâtissent d'une importante concurrence alimentaire.

Les différentes nourritures

- *Artemia salina* détient la première place du podium. Ce petit crustacé récolté en masse dans les grands lacs salés constitue souvent la base de l'alimentation des poissons marins. Vivantes, les artémias

Gérer les absences

- De longue durée
Pour une absence de plus d'une semaine, installez un distributeur de nourriture si vos pensionnaires acceptent la nourriture sèche. Sinon, une personne – aquariophile de préférence – devra venir nourrir vos pensionnaires. Pour plus de sécurité, préparez-lui à l'avance les doses au congélateur.
- De courte durée
Ne nourrissez pas, la microfaune de l'aquarium et les réserves des poissons leur suffisent amplement. Veillez à ne pas surnourrir avant votre départ, ni à votre retour.

réveillent les appétits et contribuent fréquemment à l'acclimatation de certains poissons difficiles.

Congelées, elles sont simples d'emploi. Lyophilisées, elles se conservent bien, mais perdent de leur valeur nutritive.

- De composition idéale, les nourritures sèches se présentent sous la forme de flocons ou de granulés (moins polluants) et sont indemnes de tout risque de maladie. Cependant, elles manquent souvent d'appétence au point que la grande majorité des poissons ne les acceptent qu'après une longue période d'acclimatation, voire jamais.

- Plusieurs aliments se rencontrent sous forme congelée ou lyophilisée : krill, mysis, néréis, œufs de poisson, œufs de crevette, friture, etc. Attention, l'eau de décongélation des cubes de nourriture contient de nombreux polluants comme les phosphates. Il est indispensable de décongeler les aliments hors de l'aquarium et d'éliminer l'eau résiduelle.

Une nourriture riche, variée et adaptée aux exigences de chaque espèce est un gage de bonne santé.

L'alimentation

- Il est possible de donner de temps à autre un coquillage frais ouvert (moule, coque, huître...), de la chair de poisson ou de crevette. Les mêmes aliments congelés sont plus sûrs du point de vue sanitaire mais moins riches.

- Pour les phytophages, pochez quelques légumes (salade, épinards, brocolis, petits pois, etc.) afin de les stériliser et les ramollir. Distribuez également des aliments pour poissons constitués d'algues déshydratées ou des algues non cuisinées destinées à l'alimentation humaine (nori).

- Pensez aux vers de vase rouges utilisés en eau douce. Ils permettent souvent de faire manger un poisson non acclimaté ou de faire grossir un poisson-mandarin amaigri.

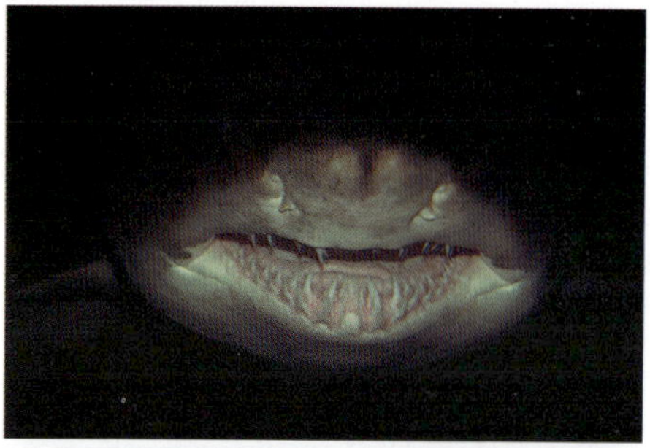

Les mâchoires et les dents du requin sont anatomiquement adaptées à son régime alimentaire piscivore.

Quelles rations ?

Une insuffisance crée des carences et une surabondance pollue l'aquarium. Il faut donc nourrir souvent et à petites doses : au moins deux distributions quotidiennes s'imposent. La nourriture est répartie aux deux extrémités de l'aquarium pour que chacun en

Les crevettes vivantes sont quelquefois indispensables, par exemple pour nourrir les hippocampes.

profite et elle doit être totalement consommée en quelques minutes. Même dans un aquarium récifal, où la production naturelle contribue à l'alimentation des herbivores et microphages, une distribution régulière de nourriture est nécessaire à la santé des consommateurs et à la diversité du milieu.

Élever sa nourriture vivante

- Un élevage d'artémias adultes est trop onéreux et fastidieux pour l'amateur. Les nauplies d'artémias sont utiles pour nourrir le frai ou les poissons de petite taille. On obtient des nauplies à partir d'œufs maintenus en suspension dans un éclosoir. Deux éclosoirs utilisés en alternance permettent de disposer constamment de nauplies fraîches.

- Les rotifères, généralement *Brachionus plicatilis*, sont idéaux pour le nourrissage des larves de poissons marins.
  On les élève dans une eau verte, riche en algues unicellulaires (*Nannochloris*, etc.)

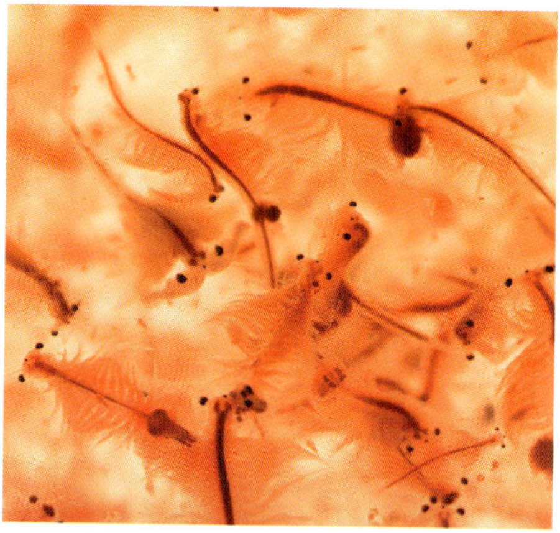

Les artémias sont à la base de l'alimentation de nombreux poissons marins d'aquarium. Elles permettent souvent de redonner de l'appétit aux plus stressés.

dont ils se nourrissent. Un rebord de fenêtre est idéal pour installer cette culture, mais attention à la température !

- Les jeunes bouquets de nos côtes, conservés dans une petite cuve non chauffée mais bien aérée et entretenue, constituent un apport de choix pour quelques gros poissons marins et les hippocampes.

Préparer sa nourriture maison

Mélanger les ingrédients frais (filet de poisson, moules, coques, calamars, etc.) selon les besoins de vos pensionnaires. Pensez aux poissons végétariens en incorporant du nori, de la salade pochée ou des épinards.

Le refuge

Un refuge est un aquarium annexe branché sur l'aquarium principal. Il contient des roches vivantes, des algues supérieures etc., mais aucun animal de taille notable. Aucune prédation n'étant exercée sur les êtres vivants qui s'y développent, le refuge constitue un réservoir quasi naturel de nourriture vivante.

Une solution polyvitaminée constitue un complément bienvenu. Passer le mélange au hachoir. Le temps de hachage, et donc la taille des particules, dépend de la taille de la bouche des poissons à nourrir. De la gélatine en feuilles permet de lier le mélange. La pâtée sera placée dans des sacs congélation et étalée afin de constituer des plaques d'une épaisseur de 5 mm, facilement sécables.

Culture d'algues destinées à élever des rotifères. Ces derniers serviront comme première nourriture aux larves de nombreux poissons.

La reproduction

Ce couple de balistes (*Rhinecanthus aculeatus*) prépare la ponte.

Reproduire des poissons d'eau de mer n'est plus une utopie. Les progrès techniques réalisés et la meilleure connaissance de la biologie des poissons rendent la reproduction de certaines espèces accessible même à l'amateur. Une installation adéquate, une bonne connaissance des poissons et une patience à toute épreuve sont les clés de la réussite.

L'approche de maintenance

On a pris l'habitude de peupler les aquariums d'eau douce en associant les poissons en couples ou en harems, dans l'intention délibérée ou l'espoir implicite de les voir se reproduire. Pour différentes raisons, la situation est différente en eau de mer. D'abord, les poissons marins d'ornement sont en grande majorité des animaux sauvages qu'il est moins facile de conditionner pour la reproduction que les poissons d'élevage dulçaquicoles. Ensuite, dans la nature, la plupart des poissons coralliens défendent jalousement des territoires bien plus grands que l'espace disponible en aquarium, ce qui impose souvent de ne maintenir qu'un spécimen par espèce et par bac : dans ces conditions, la probabilité d'obtenir une reproduction est évidemment com-

Amphiprion frenatus surveillant sa ponte. Les poissons-clowns font partie des espèces faciles à reproduire.

plètement nulle ! Enfin, il est d'autant plus difficile de maintenir des couples qu'on ne peut généralement différencier mâles et femelles : la majorité des poissons marins ne présentent en effet aucun dimorphisme sexuel.

Du frai à la reproduction

Le préalable à la reproduction est évidemment la constitution d'un couple ou d'un harem. Lorsque le sexage a priori n'est pas réalisable, on peut exploiter l'hermaphrodisme successif qui caractérise de nombreuses espèces marines. Il suffit alors d'assembler une paire ou un groupe de juvéniles pour que, maturité et

Amphiprion akyndinos ventilant sa ponte. Le soin aux œufs et aux larves est très élaboré chez les Pomacentridés.

inversion sexuelles aidant, on obtienne un couple ou un groupe reproducteur. De la même façon, on peut apparier un adulte et un juvénile pour, à terme, former un couple.

Pterapogon kauderni, comme de nombreux membres de la famille des Apogonidés, pratique l'incubation buccale.

Cela ne peut évidemment se pratiquer que dans le respect des exigences territoriales individuelles. Mais il est ainsi de plus en plus fréquent de voir des couples de poissons coralliens évoluer en captivité et les cas de frai se multiplier. L'élevage qui implique le nourrissage des alevins et leur développement s'effectue en principe dans une cuve spécifique.

L'installation

Compte tenu de la taille généralement assez modeste des espèces marines concernées, la reproduction se fait fréquemment dans un aquarium de 200 litres. L'équipement est celui d'un aquarium marin classique, incluant filtre, écumeur

La reproduction

Les juvéniles de *Pterapogon kauderni* se réfugient au milieu des piquants des oursins-diadème. Ils y sont à l'abri des prédateurs.

et chauffage. Une stérilisation sur ultraviolets est souvent employée pour assurer un bon état sanitaire.

La qualité physicochimique de l'eau est primordiale pour la réussite du frai et la conservation des œufs. Le décor et la population du bac sont limités au minimum : cachettes ou tubes PVC pour les *Pseudochromis*, anémone pour les poissons-clowns, etc.

Les œufs sont souvent incubés dans un aquarium annexe dont la qualité d'eau est identique. Les entrées du filtre mécanique à exhausteur sont protégées par de la mousse synthétique pour éviter l'aspiration des larves.

Chez *Syngnathoides biaculeatus*, les œufs sont collés sous le ventre du mâle.

Les nourritures

La nourriture de départ est généralement la principale difficulté. On emploie le plus souvent des rotifères. Le bac où grandissent les larves est ensemencé avec une culture d'algues unicellulaires. Les rotifères prolifèrent grâce à ces algues et les larves consomment à leur tour les rotifères. L'eau est gardée constamment verte mais non polluée grâce à un changement d'eau par goutte-à-goutte. Après la métamorphose, les larves consomment des nauplies

Bodianus anthioides juvénile, dont la robe est loin de celle de l'adulte.

d'artémias fraîchement écloses, enrichies de préférence avec des préparations vitaminées. À partir de ce stade, les changements d'eau peuvent avoir lieu plus fréquemment et les alevins sont considérés comme sauvés.

The Breeder's Registry, littéralement le registre du reproducteur, est une base de données en ligne (www.breedersregistry.gen.ca.us) qui regroupe les frais et reproductions en captivité pour les poissons et invertébrés marins d'ornement.

Les espèces

• Les Pomacentridés
Cette famille regroupe les poissons-clowns et les demoiselles. Les premiers sont des hermaphrodites qui s'accouplent et frayent facilement en aquarium, notamment si on a pris soin de leur fournir une anémone-hôte à l'abri de laquelle ils pondront.

• Les Gobidés
Leur élevage est possible dans de faibles volumes (50 à 100 litres). La nourriture des larves reste le point délicat, même si certains gobies acceptent rapidement des nauplies d'artémias. Le genre le plus facile à faire pondre est *Gobiosoma*, originaire des Caraïbes.

• Les Pseudochromidés
La formation d'un couple est ardue car aucune différence sexuelle n'est apparente et les poissons de même sexe s'affrontent violemment, souvent jusqu'à la mort.
La sélection d'un couple se fait donc dans un bac de très gros volume (supérieur à 1 000 litres) ou dans une cuve cloisonnée par des parois transparentes, où les différentes associations sont tentées successivement.

• Les Grammidés
Gramma loreto et *G. melacara* sont les deux représentants les plus connus de cette famille endémique des Caraïbes. Ils se reproduisent à peu de choses près de la même manière que les Pseudochromidés, les points difficiles sont donc les mêmes.

• Autres genres reproduits
Les Callionymidés, dont le représentant le plus célèbre est *Synchiropus splendidus*, frayent mais l'élevage des larves, très délicat, commence seulement à être maîtrisé.
Les Plésiopidés (*Calloplesiops*, *Assesor*, etc.) se reproduisent avec une certaine réussite.
Ils pratiquent l'incubation buccale des œufs, à la manière de certains Cichlidés en eau douce.
Les Apogonidés, parmi lesquels *Pterapogon kauderni*, protègent également leurs œufs de cette façon.
Les hippocampes se reproduisent sans problème.
Les œufs sont incubés par le mâle dans la poche située sur la face ventrale de la queue.

Les maladies

Même si la capture, le conditionnement, le transport, puis le déballage et l'acclimatation à la captivité des poissons marins d'ornement n'est pas en principe l'affaire des amateurs, ceux-ci ont un rôle déterminant à jouer dans la sélection des réseaux d'approvisionnement. Il appartient aux aquariophiles eux-mêmes de promouvoir les professionnels responsables et consciencieux, quitte à reconnaître leurs qualités par un prix d'achat raisonnablement supérieur lorsque cela s'impose.

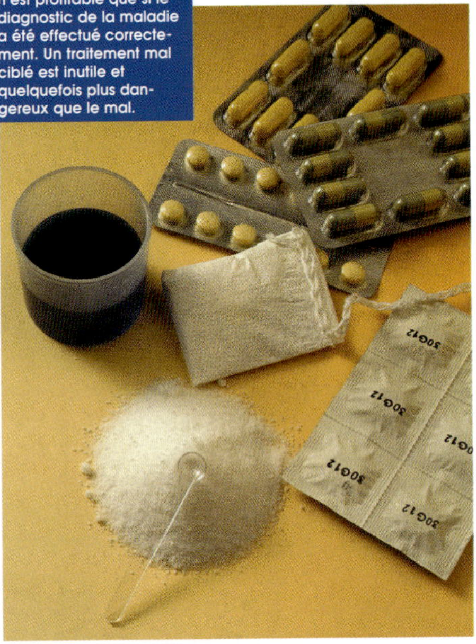

Une bonne pharmacie n'est profitable que si le diagnostic de la maladie a été effectué correctement. Un traitement mal ciblé est inutile et quelquefois plus dangereux que le mal.

Les morts enregistrées après l'acclimatation, qu'elles soient apparemment inexpliquées ou consécutives à des pathologies déclarées, découlent principalement du stress. Il peut être d'origine écologique (paramètres abiotiques, alimentation, etc.), sociale (densité de population, incompatibilités intra ou interspécifiques) ou extérieure (inadéquation de l'environnement au sens large autour de l'aquarium). Une longévité convenable des animaux captifs passe par un environnement stable et conforme à leur domaine de tolérance pour ce qui concerne la qualité d'eau, la température, la lumière, le mouvement d'eau et le substrat : un poisson des récifs coralliens ne supporte pas tous les environnements récifaux. Il convient également de peupler l'aquarium dans des proportions raisonnables et en anticipant la concurrence territoriale et alimentaire : un poisson des récifs coralliens ne supporte/n'accepte pas tous les organismes récifaux. Il faudra éviter les incompatibilités notoires et ménager les cachettes nécessaires à la dissimulation des plus faibles.

Violente attaque d'*Amyloodinium ocellatum* chez un *Zebrasoma xanthurum*. Cette maladie est assez fréquente en aquarium. Une acclimatation lente permet souvent d'éviter son déclenchement.

Enfin, on ne peut pas faire n'importe quoi à proximité d'un aquarium sans lui nuire : par exemple, une assemblée nombreuse aux alentours peut faire baisser le pH dangereusement, en accroissant la concentration de CO_2 dans l'atmosphère locale.

Les critères de choix lors de l'achat

• Aspect extérieur

Les poissons peuvent présenter différentes manifestations de maladies ou de stress, il est donc important de les reconnaître.

- Aspect général : le poisson ne doit présenter aucun signe d'amaigrissement. Son abdomen doit être rebondi. Généralement, une maigreur extrême du front et des joues augure souvent un décès proche.

- Peau : elle doit être brillante et lisse. Aucune blessure, reconnaissable à une trace blanchâtre ou sanguinolente, ne doit être visible. Les poissons porteurs de points blancs gros comme des têtes d'épingle, présentant une peau d'aspect blanc velouté ou des rougeurs suspectes sont à écarter systématiquement.

Le pou du poisson parasitant ici le pédoncule caudal de *Symphodus tinca*, assez fréquent en milieu naturel, est pratiquement inexistant en aquarium.

- Nageoires : comme la peau, les nageoires doivent être vierges de tout signe anormal. Il arrive que des poissons malades présentent des touffes cotonneuses blanches aux nageoires ou encore des traces sanguinolentes : dédaignez ces individus. En revanche, des traces de morsures, si elles sont propres, c'est-à-dire si la déchirure n'est pas marquée d'un liseré blanc, sont sans gravité.

- Yeux : les deux yeux doivent présenter une couleur vive. Si la pupille est opacifiée par une tache blanche ou si l'œil est recouvert d'un voile blanchâtre, mieux vaut laisser le poisson dans son aquarium. De la même façon, écartez les poissons dont les yeux sont trop exorbités, car ce symptôme révèle une maladie difficilement curable.

La maladie de la ligne latérale, associée aux trous dans la tête, est difficile à soigner à ce stade.

• Comportement

- Locomotion : voilà sûrement le signe le plus difficile à décrire. Une bonne connaissance des poissons et surtout une habitude à les voir évoluer permet de déceler un problème au premier coup d'œil. Pour l'amateur, c'est chose beaucoup plus difficile. Sachez avant tout que les comportements extrêmes sont signes de mauvaises conditions de maintenance ou de maladie. Ainsi, une apathie ou au contraire une surexcitation doivent vous faire écarter les candidats. Un poisson prostré, qui se frotte contre le décor, qui effectue des démarrages brusques ou nage de façon saccadée est un individu à laisser dans son aquarium de vente.

Tableau de correspondance entre symptômes, agents

Symptômes — XXX Caratéristique — X Fréquent

Traitement — XXX Principal — X Secondaire — (X) Supposé — ? A essayer faute de traitement

Œil exorbité*									
Œil vitreux					X	X			
Peau turbide					XXX				
Taches claires sur la peau			X						
Duvet filamenteux noirâtre									
Touffe cotonneuse									
Points blancs fins / Velours		XXX							
Points blancs bien distincts						XXX			
Points noirs bien distincts									
Parasite cutané millimétrique									
Bourgeons irréguliers	XXX								
Nageoires / queue pincées / collées					X		X	X	
Congestion hémorragique (nageoires)**			X						
Plaques hémorragiques			X		X		X	X	X
Petites ulcérations							X	X	
Grosses ulcérations								X	
Trous arrondis (tête, ligne latérale)				XXX					
Nage en rotation								X	XXX
Nage irrégulière***							X		
Grattage sur le décor		X			X	X	X	X	X
Pipage d'air en surface°		X			X	X	X	X	
Ventre gonflé / Ecailles hérissées°°									
Amaigrissement prononcé			X	X	X				
Selles blanchâtres, filamenteuses°°°				X					
PATHOLOGIE	Lymphocistose	Oodiniose			Brooklynellose	Cryptocaryonose	Trichodinose		Myxosomio...
Nom commun	Maladie du chou-fleur	Maladie des poissons coralliens		Maladie des trous	Turbidité de peau	Maladie des points blancs			Maladie du tournis
Vecteur	Lymphocistis	Amyloodinium ocellatum	Cryptobia	Hexamita / Spironucleus	Brooklynella hostilis	Cryptocaryon irritans	Trichodina	Uronema marinum	Myxosoma cerebralis
Catégorie	Virus	Protozoaire flagellé			Prozoaire cilié				Sporozoaire
Ablation chirurgicale	XXX								
Bain d'eau douce			X						
Salinité basse		X							
Trichlorfon									
Piperazine									
Niclosamide									
Lévamisole									
Néomycine									
Lincomycine + Spectinomycine									
Nitrofurazone									
Sulfanilamide + ...									
Rifampicine									
Métronidazole		X	(X)	XXX	X	X	X	(X)	?
Miconazole + ...		(X)	(X)	(X)	(X)	(X)	(X)	(X)	?
Phénoxyéthanol									
Vert de malachite			X		X	X	X	XXX	?
Sulfate de cuivre		XXX				X	X		
Formaldéhyde			XXX		XXX	XXX	XXX	X	?

* Exophtalmie
° Asphyxie

** Erythrurite ou Pourriture des nageoires
°° Hydropysie

*** Shimmy
°°° Entérite

itements des maladies des poissons d'aquarium marin

	X	X	X	X	X						
	X	X	X	X					X		
									X		
XXX											
					XXX						
						XXX					
									XXX		
										XXX	XXX
X	X	X		X							
X	X			X							
	X	X	X						X		
											X
X											
					X						
				X	X						
							X	X			
								X			
	X		X	X							
				XXX	X		X			X	X
							XXX				
olumnariose	Pseudomoniose / Aéromoniose	Vibriose	Corynébactériose	Mycobactériose	Ichtyophonose		Helmintose intestinale	Helminthose externe		Argulose	Impexose
aladie des hes blanches				Tuberculose du poisson			Vers internes	Vers de la peau et des branchies	Maladie des points noirs	Pou du poisson	Ver à ancre
Flexibacter columnaris	Pseudomonas / Aeromonas	Vibrio	Corynebacterium	Mycobacterium marinum	Ichtyosporidium hoferi	Saprolegnia		Dactylogyrus / …	Turbellaria	Argulus / Livoneca	Impexus / Lerneascus
	Bactérie Gram ⁻		Bactérie Gram+	Mycobactérie		Champignon			Ver		Crustacé
								X	X		
								XXX	XXX	XXX	XXX
							X				
							XXX				
							X		(X)		
X	X	(X)									
(X)	X	(X)	(X)								
X	X	X	X								
X	X	X	X	X							
				XXX							
(X)	(X)	(X)									
(X)	(X)	(X)			(X)	(X)					
					XXX	XXX					
						XXX					
						X					
								X			

Les maladies

Poisson-cocher devenu aveugle à la suite d'une inflammation de l'œil.

- Nourrissage : le poisson doit manger ; au besoin, demandez au vendeur de lui distribuer une nourriture de substitution (artémias, granulés, etc.) pour vous en assurer.

La première responsabilité de l'amateur est de procéder à une acclimatation digne de ce nom, qui suppose, sauf exception, une étape essentielle de quarantaine évitant l'introduction de poissons malades susceptibles de contaminer les autres occupants de l'aquarium communautaire. Deux approches antagonistes sont acceptables.

• La règle : les poissons sont achetés dans une structure qui produit une simple maintenance de la réception à la vente, sans véritable protocole d'acclimatation. Une quarantaine de trois à quatre semaines à domicile s'impose. Il ne s'agit pas d'infliger d'emblée un traitement médicamenteux aux nouveaux venus, mais de faire en sorte qu'ils s'habituent à la captivité loin de la concurrence territoriale et alimentaire du bac principal.

• L'exception qui confirme la règle : on établit une relation de confiance avec un détaillant compétent en eau de mer, qui commercialise des poissons soigneusement acclimatés en magasin depuis plusieurs semaines et acceptant les nourritures de substitution courantes. Dans ce cas, il n'est pas nécessaire de faire subir une quarantaine au poisson avant l'introduction dans l'aquarium récifal, car elle correspondrait à un bouleversement supplémentaire et inutile de son environnement. Dans les deux cas, une acclimatation très progressive à l'eau de l'aquarium est une étape indispensable pour éviter des chocs graves et irréversibles.

Ulcération bactérienne probablement due à *Flexibacter columnaris* chez *Holacanthus ciliaris.*

L'aquarium de quarantaine

La cuve d'un volume de 50 à 100 litres n'est pas ou peu éclairée. Son équipement est spécifique :

- un filtre intérieur qui combine filtration mécanique, filtration chimique et filtration biologique. Chacune doit pouvoir être retirée lorsqu'un traitement, éventuellement appliqué aux poissons en quarantaine, le nécessite ;

Cryptocaryon irritans, responsable de la maladie des points blancs, est un parasite assez simple à éradiquer.

- un combiné chauffant immergeable pour maintenir une température moyenne de 26°C ;
- un diffuseur relié à une pompe à air pour assister la pompe à eau dans l'oxygénation de l'eau.

L'aquarium de quarantaine doit être opérationnel plusieurs jours avant l'introduction de nouveaux poissons. Cela signifie que le filtre biologique doit être mature et que l'eau doit avoir été renouvelée dans sa totalité. La bonne solution consiste à remplir ce bac avec l'eau de l'aquarium principal à chaque changement d'eau.
Le décor de ce bac varie selon les poissons qui seront hébergés. Pour la plupart des espèces, un pot de fleur dont l'ouverture est orientée vers l'arrière suffit largement à procurer une cachette dans laquelle le nouveau venu peut se réfugier en cas de besoin. Il faudra ajouter une boîte en plastique remplie de sable fin pour la dissimulation de nombreux labres et autres fouisseurs.

Les critères de sortie de quarantaine doivent être tous respectés :
- durée de quarantaine supérieure ou égale à deux semaines ;
- comportement alimentaire normal : le poisson sort immédiatement lorsque la nourriture est distribuée et la consomme avidement ;
- absence de parasitose externe depuis plus de deux semaines.

Les poissons coralliens captifs peuvent contracter de nombreuses pathologies, qui partagent souvent des symptômes communs. Le diagnostic est donc difficile à établir, mais il faut garder à l'esprit qu'un remède traite une maladie et non un symptôme, donc l'identification du mal est une étape indispensable. Les agents pathogènes appartiennent à des groupes divers : virus, protozoaires, bactéries, champignons, vers, crustacés. Quand il existe un médicament destiné à soigner à une maladie des poissons, il est souvent spécifique à un ou plusieurs de ces organismes. Par exemple, un antibiotique éliminera certaines bactéries et un antifongique combattra les mycoses. Malheureusement, l'association de différents vecteurs (une infestation parasitaire entraîne souvent une infection bactérienne secondaire) s'ajoute à la complexité du diagnostic, et il n'est pas facile d'identifier le médicament adéquat et efficace.

Les maladies

Le sulfate de cuivre est un bon anti-parasitaire. En revanche, il est fatal aux invertébrés. À cause d'une forte rémanence, les roches et décors ayant subi un traitement ne doivent pas être mis en présence d'invertébrés.

La tâche est d'autant plus ardue que la plupart des remèdes sont dangereux pour certains organismes de l'écosystème captif : un traitement dans l'aquarium d'ensemble est à proscrire, sauf sur recommandation vétérinaire.
Généralement, on est donc contraint à la capture des poissons malades, qui seront soignés dans un aquarium-hôpital par des désinfectants à large spectre (formaldéhyde, sulfate de cuivre, vert de malachite), eux-mêmes toxiques. Le tableau à double entrée pages 48-49 permet d'établir une relation simple entre les symptômes et les pathologies, puis d'en déduire les remèdes les plus adaptés. La vocation de cet ouvrage n'étant pas la thérapie aquacole, le lecteur est invité à se référer aux notices accompagnant les spécialités vétérinaires ou à se procurer un ouvrage spécialisé de pathologie.

Avant d'employer des remèdes parfois pires que le mal, on peut heureusement envisager des actions naturelles. Par exemple, une baisse temporaire de la densité à 1.018 - 1.020 limite les efforts des poissons pour compenser la pression osmotique et les rend plus résistants. En présence d'invertébrés, il est nécessaire de maintenir l'alcalinité et la concentration de calcium à des valeurs suffisantes.
Dans tous les cas, des fluctuations lentes de la salinité sont impératives, en particulier à la hausse.

Dans le cas d'une dermatose parasitaire, on plonge souvent le poisson malade dans un bain d'eau douce pendant 1 à 5 minutes pour éliminer les parasites. L'eau douce devra être à la température et au pH de celle de l'aquarium d'origine. L'immobilité ponctuelle au moment de l'introduction dans l'eau douce est normale. En revanche, il faut évidemment retirer le poisson du bain dès qu'il semble incommodé. Le malade sera gardé en observation dans l'aquarium-hôpital ; si la pathologie persiste, les médicaments prendront le relais. Une fois la guérison constatée, on procédera à la réacclimatation en quarantaine pendant deux à trois semaines. Il est indispensable d'identifier et de résoudre les causes de la maladie avant de réintroduire le poisson guéri dans l'aquarium communautaire, sans quoi il ne tardera pas à contracter de nouveau la maladie.

Oodiniose sur *Acanthurus leucosternon*.

Conçues pour être rapides à consulter, les monographies qui suivent vous permettront d'identifier un poisson et d'en retirer les spécificités. Elles constituent un support pour concevoir une population mais n'écartent pas les incompatibilités qui peuvent apparaître entre les êtres vivants.

Famille

Difficulté
Le nombre de poissons de couleur rouge indique un niveau de difficulté croissant. Cette difficulté peut provenir de divers facteurs comme l'acclimatation, le nourrissage, la sensibilité aux maladies, etc.

Taille adulte

Répartition géographique

Compatibilité invertébrés
Possibilité d'introduction en aquarium récifal.

Comportement
Qualité des relations intra et inter-spécifiques.

Les encadrés
Placés en marge, ils marquent les particularités de l'espèce ou de la famille.

Les photos placées en marge montrent les différences entre les sexes ou l'âge des individus.

IDENTIFICATION

Acanthurus achilles
Chirurgien Achille

10001 Acanthuridae
Difficulté

Acclimater les chirurgiens
Les poissons essentiellement végétariens, comme les *Acanthuridae* et les *Siganidae*, doivent manger beaucoup pour compenser la faible valeur énergétique de leur régime. Entre leur capture et leur arrivée dans le bac du détaillant, ils se sont peu ou pas alimentés. Amaigris et stressés, ils refusent souvent les nourritures proposées. Curieusement, ce sont généralement les vers de vase qui stimulent le plus leur appétit et permettent de les « retaper » rapidement.

Jusqu'à 24 cm.

Océan Pacifique, des îles Carolines aux Marquises et d'Hawaii à la Nouvelle-Calédonie.

Oui.

Pacifique sauf avec les membres de son espèce et des espèces proches.

[illegible] l.

Aucun.

Algues fraîches ou sèches, légumes hachés et pochés, vers de vase, artémias, mysis, chair de moule, granulés et flocons.

Inconnue en aquarium.

Acanthurus achilles semble devoir son nom aux taches rouges qui entourent ses scalpels : elles auraient évoqué au descripteur l'empreinte des doigts de sa mère sur les talons d'Achille. L'analogie est curieuse car ces marques désignent, chez l'un, sa vulnérabilité, chez l'autre, ses armes.

S'il est délicat à transporter et à acclimater, il s'avère ensuite robuste et calme avec ses compagnons, même nouveaux venus. Sa maintenance en groupe a été réussie dans de grands volumes, mais il vaut mieux ne pas essayer de le confronter à des chirurgiens de son espèce ou d'espèces proches.

Guide des poissons 54 d'aquarium marin

Nom latin

Nom français

Volume de l'aquarium
Volume minimal nécessaire au bien-être d'un exemplaire de l'espèce concernée. Les contenances données reprennent celles des aquariums standards du commerce.

Dimorphisme ou dichromatisme sexuel

Alimentation

Reproduction

Les facteurs température, densité et pH n'apparaissent pas en raison de leur homogénéité dans la maintenance des poissons d'eau de mer. Si les conditions demandées par une espèce s'éloignent des valeurs moyennes définies dans le chapitre « les poissons marins en aquarium » (T° : 24 à 25°C ; densité : 1.021 à 1.023 pour les poissons seuls, 1.023 à 1.024 en récifal, pH : 8,0-8,5), elles seront alors spécifiées.

Acanthurus achilles

Chirurgien Achille

10001 Acanthuridae

Difficulté

Jusqu'à 24 cm.	600 l.
Océan Pacifique, des îles Carolines aux Marquises et d'Hawaii à la Nouvelle-Calédonie.	Aucun.
Oui.	Algues fraîches ou sèches, légumes hachés et pochés, vers de vase, artémias, mysis, chair de moule, granulés et flocons.
Pacifique sauf avec les membres de son espèce et des espèces proches.	Inconnue en aquarium.

Acanthurus achilles semble devoir son nom aux taches rouges qui entourent ses scalpels : elles auraient évoqué au descripteur l'empreinte des doigts de sa mère sur les talons d'Achille. L'analogie est curieuse car ces marques désignent, chez l'un, sa vulnérabilité, chez l'autre, ses armes.

S'il est délicat à transporter et à acclimater, il s'avère ensuite robuste et calme avec ses compagnons, même nouveaux venus. Sa maintenance en groupe a été réussie dans de grands volumes, mais il vaut mieux ne pas essayer de le confronter à des chirurgiens de son espèce ou d'espèces proches.

Acclimater les chirurgiens

Les poissons essentiellement végétariens, comme les *Acanthuridae* et les *Siganidae*, doivent manger beaucoup pour compenser la faible valeur énergétique de leur régime. Entre leur capture et leur arrivée dans le bac du détaillant, ils se sont peu ou pas alimentés. Amaigris et stressés, ils refusent souvent les nourritures proposées. Curieusement, ce sont généralement les vers de vase qui stimulent le plus leur appétit et permettent de les « retaper » rapidement.

Acanthurus coeruleus

Chirurgien bleu

Acanthuridae 10002

Difficulté

Jusqu'à 30 cm.	600 l.
Océan Atlantique, du golfe du Mexique au Brésil et jusqu'à l'île de l'Ascension.	Aucun.
Oui.	Algues fraîches ou sèches, légumes hachés et pochés, vers de vase, artémias, mysis, chair de moule, granulés et flocons.
Pacifique.	Inconnue en aquarium.

Acanthurus coeruleus est certainement le plus joli chirurgien de l'Atlantique. Les juvéniles sont jaunes avec les nageoires bordées de bleu et les subadultes bleus, à l'exception de la caudale restée jaune. Seuls les adultes sont entièrement bleus.

Il est possible de maintenir plusieurs individus dans le même aquarium pour peu que celui-ci soit assez spacieux, qu'ils disposent d'une nourriture variée et abondante et, surtout, qu'ils aient été introduits ensemble dans ce bac au stade juvénile.

Cette espèce acceptera sans difficultés majeures les aliments de substitution usuels.

Acanthurus japonicus

Chirurgien japonais

10003 Acanthuridae

Difficulté

Jusqu'à 20 cm.

Du sud du Japon aux Philippines.

Oui.

Pacifique sauf avec les membres de son espèce et d'espèces proches. Peut être très agressif avec les nouveaux venus.

600 l.

Aucun.

Algues fraîches ou sèches, légumes hachés et pochés, vers de vase, artémias, mysis, chair de moule, granulés et flocons.

Inconnue en aquarium.

Cette espèce très colorée est active et peu farouche, elle accepte rapidement les aliments qu'on lui offre.

Mais elle est aussi territoriale et, sauf dans de très grands volumes, ne souffre pas la cohabitation avec tout chirurgien qui lui ressemble un tant soit peu. De même, elle peut chasser un poisson que l'on a introduit après elle dans son aquarium : si celui-ci se laisse intimider, il sera confiné dans une cachette et ne pourra se nourrir.

Acanthurus japonicus est souvent confondu avec *A. nigricans*. Ce dernier se distingue par des taches sous-oculaires blanches plus petites et l'absence de rouge dans la dorsale.

Acanthurus leucosternon

Leucosternon

Acanthuridae 10004

Difficulté

Jusqu'à 25 cm.	600 l.
Océan Indien.	Aucun.
Oui.	Algues fraîches ou sèches, légumes hachés et pochés, vers de vase, artémias, mysis, chair de moule, granulés et flocons.
Pacifique sauf avec les poissons qui lui ressemblent et les nouveaux venus.	Inconnue en aquarium.

Cette espèce à la robe spectaculaire s'acclimate aisément et s'active, sans timidité, à brouter incessamment les algues envahissantes. Elle a pourtant une réputation désastreuse due à son mauvais caractère. Territoriale, elle ne supporte évidemment pas la présence d'un membre de son espèce. Mais cette attitude s'étend aux autres chirurgiens, à tout poisson lui ressemblant un peu par sa couleur ou sa forme et à quasiment tout nouveau venu dans son aquarium. Heureusement, les autres sont ignorés !

Une forme intermédiaire entre *A. leucosternon* et *A. nigricans* est de plus en plus fréquemment importée d'Indonésie. Qu'il s'agisse d'un hybride ou d'une nouvelle espèce, le comportement est le même.

Acanthurus lineatus

Chirurgien rayé

10005 Acanthuridae

Difficulté

Jusqu'à 38 cm.	1000 l.
Océan Indien, Pacifique ouest et central jusqu'aux Tuamotu.	Aucun.
Oui.	Algues fraîches ou sèches, légumes hachés et pochés, vers de vase, artémias, mysis, chair de moule, néréis, granulés et flocons.
Problématique.	Inconnue en aquarium.

Certainement un des plus beaux chirurgiens ... et un des plus problématiques.

Le juvénile s'acclimate sans difficulté à la captivité, mais il faut de suite le transférer dans un vaste aquarium où il atteindra rapidement une grande taille et deviendra territorial. Si, dans la nature, il vit en harem, il sera ici exclu de le faire cohabiter avec un membre de son espèce ou un autre chirurgien de forme similaire. De la même façon, tout nouveau venu risquera de subir son mauvais caractère. Ses compagnons d'origine seront généralement en paix mais ils devront occasionnellement fuir ses sautes d'humeur imprévisibles.

Enfin, il faudra le manipuler prudemment : ses scalpels sont venimeux !

Acanthurus olivaceus

Chirurgien à épaulettes

Acanthuridae 10006

Difficulté

Jusqu'à 35 cm.	600 l.
De l'archipel indo-australien à Hawaii et aux Tuamotu, remplacé à l'ouest par *A. tennenti.*	Aucun.
Oui.	Algues fraîches ou sèches, légumes hachés et pochés, vers de vase, artémias, mysis, chair de moule, granulés et flocons.
Pacifique sauf avec les membres de son espèce et des espèces proches.	Inconnue en aquarium.

Les juvéniles du chirurgien à épaulettes sont très différents des adultes. Cette adaptation est connue chez de nombreuses espèces territoriales. Elle permet aux jeunes de vivre parmi les adultes sans que ceux-ci voient en eux des concurrents potentiels.

Acanthurus tristis et *A. pyroferus* ont poussé les choses plus loin : leurs juvéniles miment la livrée, la forme et le comportement de divers centropyges présents dans leur milieu. C'est probablement aussi le cas du jeune *A. olivaceus* qui ressemble énormément à *Centropyge heraldi.*

Cette espèce est assez facile mais craint la cohabitation avec des chirurgiens agressifs.

Acanthurus pyroferus

Chirurgien porte-feu

10007 Acanthuridae

Difficulté

Jusqu'à 25 cm.	450 l.
De l'archipel indo-australien aux Tuamotu, remplacé dans l'océan Indien par *A. tristis.*	Aucun.
Oui.	Algues fraîches ou sèches, légumes hachés et pochés, vers de vase, artémias, mysis, chair de moule, granulés et flocons.
Pacifique sauf avec les membres de son espèce et des espèces proches.	Inconnue en aquarium.

Les juvéniles de cette espèce peuvent avoir quatre robes différentes suivant leur localité d'origine. Pour trois d'entre elles, il s'agit d'une copie conforme du *Centropyge* le plus fréquent dans le milieu parmi *C. flavissimus, C. heraldi* et *C. vroliki*. Cette adaptation permet la cohabitation avec les adultes territoriaux (voir *A. olivaceus*) et masque peut-être leur faiblesse en faisant croire qu'ils ont les défenses puissantes de leurs modèles.

À cet âge, ils ne sont guère difficiles à acclimater et acquerront progressivement la robe élégante des adultes sans devenir très agressifs, sauf entre eux.

Acanthurus sohal

Chirurgien sohal

Acanthuridae 10008

Difficulté

Jusqu'à 40 cm.

De la mer Rouge au golfe Persique.

Oui.

Agressif envers tout chirurgien et tout nouveau venu.

1000 l.

Aucun.

Algues fraîches ou sèches, légumes hachés et pochés, vers de vase, artémias, mysis, chair de moule, néréis, granulés et flocons.

Inconnue en aquarium.

Chez *Acanthurus sohal*, tout ou presque évoque l'espèce voisine *A. lineatus* : même morphologie, robe similaire, biotope et alimentation comparables, scalpels venimeux, structure sociale en harem, comportement territorial agressif, etc. Heureusement, ce dernier caractère s'exprime chez lui avec plus de modération, du moins à l'encontre des poissons non chirurgiens qu'il côtoie depuis longtemps. Il ne sera donc pas une source de stress pour son éleveur si celui-ci lui offre, après une acclimatation plutôt aisée, un espace suffisant, une nourriture adaptée et abondante, des compagnons agiles et peu émotifs. Par la suite, toute introduction d'un nouveau poisson restera très délicate.

Ctenochaetus hawaiiensis

Chirurgien d'Hawaii

10009 Acanthuridae

Difficulté

Juvénile

Les Ctenochaetus spp. consomment les dinoflagellés, des micro-algues susceptibles de contenir une toxine. Ce faisant, ils sont un vecteur important de la ciguatera, une maladie bien connue des régions tropicales. Le consommateur mangeant un *Ctenochaetus* ou son prédateur risque ainsi de contracter la « gratte ».

Jusqu'à 25 cm.

Des îles Mariannes à Hawaii, les îles Ducie, Marquises, jusqu'aux Australes.

Excellente.

Agressif envers ses congénères, maintenir un seul spécimen par cuve. Très bien toléré par les chirurgiens territoriaux mais strictement herbivores.

450 l.

Aucun.

Micro-algues, détritus de l'aquarium et complément sec ou congelé contenant des algues marines et des proies. Nourrir plusieurs fois par jour.

Inconnue en aquarium.

Ctenochaetus spp. sont des poissons-chirurgiens pas comme les autres, puisque leur régime alimentaire est principalement constitué de détritus sélectionnés parmi les sédiments et de micro-algues. Ils participent activement à l'hygiène de l'aquarium et n'agressent pas les « vrais » végétariens. *C. hawaiiensis* est probablement le plus beau poisson du genre, en particulier au stade juvénile. Il est sensible à *Cryptocarion irritans* et nécessite une eau de qualité constante.

Ctenochaetus striatus

Chirurgien strié

Acanthuridae 10010

Difficulté

Taille	Jusqu'à 26 cm.	Volume	450 l.
Répartition	Mer Rouge, océan Indien, Pacifique ouest et central jusqu'aux Tuamotu.	Dimorphisme	Aucun.
Invertébrés	Oui.	Alimentation	Algues, légumes hachés et pochés, vers de vase, artémias, mysis, chair de moule, granulés et flocons.
Comportement	Pacifique sauf avec son espèce et les espèces proches.	Reproduction	Inconnue en aquarium.

Souvent confondu avec *Ctenochaetus strigosus*, *C. striatus* n'en a pas la beauté. Les splendides couleurs du juvénile, bleu intense rayé de rouge orangé lumineux, s'affadissent malheureusement très tôt (dès 5 cm environ) pour laisser rapidement place à la robe terne des adultes. Il n'en a pas non plus l'efficacité contre les filamenteuses, mais c'est un amateur de diatomées et de cyanobactéries doublé d'un bon détritivore. Si l'on ajoute à cela une grande facilité d'acclimatation, une robustesse à toute épreuve et un comportement calme (sauf en présence de congénères), on comprend qu'il est tout conseillé aux débutants.

Naso lituratus

Nason bariolé

10011 **Acanthuridae**

Difficulté

Jusqu'à 50 cm.	1000 l.
Pacifique ouest et central jusqu'à Hawaii et aux Tuamotu.	Aucun.
Oui.	Caulerpes, algues séchées, salade, légumes hachés et pochés, vers de vase, artémias, mysis, chair de moules, granulés et flocons.
Pacifique, même avec les autres chirurgiens.	Inconnue en aquarium.

La forme de l'océan Indien et de la mer Rouge, *Naso elegans*, autrefois considérée comme une simple variation géographique, est aujourd'hui élevée au rang d'espèce. Elle se distingue, en particulier, par une dorsale jaune qui, ajoutée à l'apparence maquillée de la face, lui ont valu le nom de Blonde.

Les juvéniles des deux espèces sont identiques, grisâtre tacheté de blanc, et n'ont ni filaments ni éperons. Ceux-ci se développeront, de même que les couleurs, à mesure de la croissance.

L'acclimatation est souvent délicate mais ce sont ensuite des poissons robustes et calmes qui demandent de l'espace et une alimentation de qualité pour développer toute leur beauté.

Naso vlamingi

Nason violet

Acanthuridae 10012

Difficulté

	jusqu'à 60 cm.		2000 l.
	Océan Indien, Pacifique ouest et central jusqu'aux Tuamotu.		Les mâles auraient des filaments plus longs.
	oui.		Vers de vase, néréis, artémias, mysidacées, crevettes, moules cuites, petits poissons, granulés, algues, légumes pochés.
	Pacifique, même avec les membres de son espèce dans un volume suffisant.		Inconnue en aquarium.

L'espèce se nourrit de plancton et n'est pas difficile à acclimater et à maintenir. Les juvéniles sont trapus, gris moucheté de bleu et n'ont ni bosse nasale ni filaments caudaux. La forme allongée et les ornements apparaissent à mesure de la croissance, d'ailleurs rapide. Les adultes peuvent passer à volonté du brun foncé au jaune pâle et varier la teinte de leurs marques corporelles du violet terne au bleu intense. Mais, seuls ceux qui lui offriront au moins le volume annoncé pourront jouir du spectacle. Pour admirer les parades d'un groupe, il faudra ajouter plusieurs mètres cubes ou… visiter les aquariums publics.

Paracanthurus hepatus

Chirurgien-palette, numéro six

10013 Acanthuridae

Difficulté

Jusqu'à 26 cm.

Océan Indien, Pacifique ouest et central jusqu'aux îles de la Ligne.

Oui.

Pacifique, même avec les membres de son espèce si le groupe est formé dans le jeune âge.

450 l.

Aucun.

Vers de vase, artémias, mysis, chair de moule, granulés et flocons, algues sèches, épinards, légumes hachés et pochés.

Inconnue en aquarium.

Ses couleurs, sa robustesse et son caractère placide ont fait de lui une star. D'abord zooplanctophage, il devient progressivement plus végétarien et n'est pas difficile à acclimater ni à maintenir malgré sa timidité. Perturbé, Il développe des points blancs qui disparaissent sans conséquences ni traitement sitôt les choses rentrées dans l'ordre. C'est de ce fait un bon indicateur de la qualité du milieu. Mais il peut contaminer ses compagnons si l'infestation n'est pas repérée à temps.

En vieillissant, il aime passer du temps couché dans un coin : il n'est pas malade, il fait juste une petite sieste !

Chirurgiens et invertébrés

Les chirurgiens sont réputés inoffensifs en bac récifal. Mais prudence : aucun n'est strictement végétarien et il arrive que certains individus de la meilleure espèce prennent goût aux vers à panache ou au manteau des bénitiers !

Zebrasoma desjardinii

Chirurgien voilier

Acanthuridae 10014

Difficulté

Jusqu'à 40 cm.

Mer Rouge et océan Indien, vers l'est jusqu'aux îles Keeling.

Oui.

Pacifique sauf avec les *Zebrasoma* et les nouveaux venus.

600 l.

Aucun.

Algues, salade, épinards, légumes hachés et pochés, vers de vase, artémias, mysis, chair de moule, granulés.

Inconnue en aquarium.

Zebrasoma desjardinii est remplacé, à l'est de son aire de répartition, par son proche parent *Z. veliferum* (voir cette espèce). Si les adultes des deux espèces sont bien distincts, les juvéniles sont quasiment semblables. Or, c'est à ce stade qu'il faudra l'acquérir car il sera bien plus facile à acclimater. Il conviendra donc de s'informer de son origine pour avoir la certitude de bien acheter l'espèce de son choix.

La croissance du chirurgien voilier de l'océan Indien est rapide et il aura vite besoin d'espace. Il faudra éviter la cohabitation avec les *Zebrasoma* en général et avec certains autres chirurgiens, mais il ne sera pas agressif envers ses compagnons habituels.

Zebrasoma flavescens

Chirurgien jaune

10015 Acanthuridae

Difficulté

Jusqu'à 20 cm.	240 l.
Du sud du Japon à Hawaii.	Aucun.
Oui.	Algues, salade, épinards, légumes hachés et pochés, vers de vase, artémias, mysis, chair de moule, granulés.
Pacifique, même avec les membres de son espèce.	Inconnue en aquarium.

Chirurgien à brosse

Ce nom, parfois donné à *Z. flavescens* et *Z. scopas*, provient de la brosse courte constituée d'écailles en forme de soies qui se trouve en avant des scalpels des adultes.

Z. flavescens a toutes les qualités. Il est beau, calme, pacifique, peu farouche, facile à acclimater et à maintenir. De plus, c'est un brouteur infatigable d'algues filamenteuses et il peut se contenter d'un volume modeste. Enfin, il est capable de vivre en groupe à condition de respecter quelques règles : un volume d'au moins 600 l et plus de deux individus, éventuellement pour partie des *Z. scopas*, introduits en une seule fois dans l'aquarium, sans ajout ultérieur. Les animaux très amaigris que l'on trouve souvent dans le commerce se « retapent » rapidement dans de bonnes conditions de quarantaine.

Il existe des individus bruns qui se distinguent de *Z. scopas* par l'absence des fines striures longitudinales.

Zebrasoma gemmatum

Chirurgien pointillé

Acanthuridae 10016

Difficulté

Jusqu'à 22 cm.

Océan Indien : île Maurice, Madagascar, côtes du Mozambique et de l'Afrique du Sud.

Oui.

Pacifique sauf avec les membres de son espèce.

450 l.

Aucun.

Algues, salade, épinards, légumes hachés et pochés, vers de vase, artémias, mysis, chair de moule, granulés.

Inconnue en aquarium.

Ce superbe chirurgien est malheureusement trop rarement disponible car il provient d'une région d'où les importations sont peu fréquentes. Comme tous les *Zebrasoma*, il s'acclimate facilement et c'est un bon auxiliaire contre les algues filamenteuses.

Bien que territorial et agressif envers les membres de son espèce, il peut tolérer la présence d'autres chirurgiens. Attention toutefois à ce qu'il ne soit pas lui-même dominé. Avec les autres poissons, il est plutôt placide et se contentera de parader quelque temps devant les nouveaux venus avant de les ignorer.

L'obscurité ou le stress font disparaître ses ponctuations et révèlent un curieux dessin clair sur fond noir.

Zebrasoma scopas

Chirurgien brun

10017 Acanthuridae

Difficulté

Jusqu'à 20 cm.	240 l.
Océan Indien, Pacifique ouest et central jusqu'aux Tuamotu.	Aucun.
Oui.	Algues, salade, épinards, légumes hachés et pochés, vers de vase, artémias, mysis, chair de moule, granulés.
Pacifique, même avec les membres de son espèce.	Inconnue en aquarium.

À part le nom, la robe et l'aire de répartition, tout ce qui s'applique à *Z. flavescens* vaut pour *Z. scopas*. À tel point que certains considèrent le premier comme une simple variation géographique du second. Toutefois, au sud du Japon où les deux coexistent, les populations restent séparées même si des rassemblements mixtes et des hybrides apparents sont régulièrement observés. Pour ajouter à la confusion, de même qu'on connaît des *Z. flavescens* bruns, il existe des *Z. scopas* pâles, presque jaunes, et des foncés, presque aussi noirs que *Z. rostratum* ! Mais les fines striures longitudinales caractéristiques des adultes sont toujours discernables.

Colorations aberrantes

On connaît des *Z. flavescens* partiellement blancs et des *Z. scopas* tachés de jaune, de blanc, de noir ou de bleu-vert. On a pensé à des mutants, à des hybrides mais il semble que ce soit dû à une attaque fongique.

3 photos ci-dessus : évolution sur trois ans de la robe d'un *Z. scopas* probablement infecté.

Zebrasoma veliferum

Chirurgien voilier

Acanthuridae 10018

Difficulté

Jusqu'à 40 cm.	600 l.
De l'archipel indo-australien à Hawaii et aux Tuamotu.	Aucun.
Oui.	Algues, salade, épinards, légumes hachés et pochés, vers de vase, artémias, mysis, chair de moule, granulés et flocons.
Pacifique sauf avec les Zebrasoma et les nouveaux venus.	Inconnue en aquarium.

Zebrasoma veliferum est remplacé, à l'ouest de son aire de répartition, par son proche parent *Z. desjardinii* (voir cette espèce). Ce dernier ne se distingue bien qu'à l'âge adulte : les barres verticales sombres de ses flancs sont moins nettes et intercalées de lignes orange évoluant en points sur l'abdomen, sa caudale est ponctuée de clair.

Comme son cousin de l'océan Indien, le chirurgien voilier du Pacifique est territorial et chassera sans merci les membres de son genre et la plupart des autres chirurgiens.

Ce comportement s'exercera aussi à l'encontre de tout nouvel arrivant avec plus ou moins d'acharnement suivant son espèce.

Zebrasoma xanthurum

Chirurgien à queue jaune

10019 Acanthuridae

Difficulté

Jusqu'à 22 cm.	600 l.
De la mer Rouge au golfe Persique.	Aucun.
Oui.	Algues, salade, épinards, légumes hachés et pochés, vers de vase, artémias, mysis, chair de moule, granulés.
Pacifique, sauf avec les *Zebrasoma* et les poissons à robe proche de la sienne.	Inconnue en aquarium.

Zebrasoma xanthurum est un bon brouteur d'algues et n'est guère plus difficile à acclimater et à maintenir que *Z. scopas* ou *Z. flavescens*, du moins quand il est jeune. Malheureusement, il est généralement importé à une taille déjà grande et son adaptation est alors plus délicate.

Il a aussi besoin d'espace pour ses évolutions vives et incessantes ; s'il en manque, il peut devenir agressif envers tous ses compagnons.

Les spécimens de mer Rouge sont réputés plus colorés que les autres. En captivité, on constate que la coloration est d'abord tributaire de la qualité de l'alimentation et des conditions environnementales.

Antennarius hispidus

Antennaire à pompon

Antennariidae 11001

Difficulté

Jusqu'à 20 cm.	450 l.
Pourtour de l'océan Indien, vers l'est jusqu'aux Moluques.	Aucun.
Oui.	Petits poissons.
Prédateur vorace.	Inconnue en aquarium.

Calés dans le récif, les antennaires ressemblent plus à d'informes éponges qu'à des poissons. Ils nagent rarement, préférant marcher sur leurs nageoires pectorales et pelviennes, articulées et préhensiles. Ils se nourrissent exclusivement de poissons ou de crustacés qu'ils attirent à eux en agitant un leurre fixé au bout du premier rayon libre et mobile de leur nageoire dorsale. Chez *A. hispidus*, cette esche ressemble à un petit pompon de fins filaments clairs, d'où son nom commun. Quand la proie, qui peut faire jusqu'à la taille du prédateur, est assez proche, elle est gobée en moins de 10 millisecondes !
Selon l'un des auteurs de ce livre, il faut les maintenir strictement seuls car ils craignent les grands poissons et souffrent de la présence de congénères ; un autre a maintenu plusieurs antennaires dans un très grand bac récifal, sans problème de cohabitation. (voir aussi *A. pictus*)

Antennarius pictus

Antennaire peint

10003 Antennariidae

Difficulté

Jusqu'à 20 cm.	450 l.
Mer Rouge, océan Indien, Pacifique ouest et central jusqu'à Hawaii et aux îles de la Société.	Aucun.
Oui.	Petits poissons.
Prédateur vorace.	Inconnue en aquarium.

L'antennaire peint peut être noir, brun, beige, blanc, jaune, orange, rose ou rouge, son esche mime un alevin. Sa maintenance est la même que celle des autres *Antennarius*. Ce sont des poissons inoffensifs pour les coraux, bien qu'ils puissent les renverser lors de leurs déambulations. Ils doivent être acclimatés avec de petits poissons vivants. Ensuite, ils accepteront des poissons morts, de préférence frais, que l'on fera paraître vivants. La meilleure méthode consiste à utiliser une fine tige rigide de plastique ou d'inox, épointée et légèrement coudée à une extrémité. La proie y est délicatement piquée et « naturellement » amenée au-dessus de la bouche. Attention : goinfres, ne pas trop nourrir sous peine d'indigestion ! (voir aussi *A. hispidus*)

Apogon maculatus

Apogon flamme

Apogonidae 12001

Difficulté

10,5 cm.	96 l.
Du Massachusetts au Venezuela.	Aucun.
Excellente, bien qu'il constitue une menace pour les petites crevettes ornementales.	Artémias, mysis, chair de poisson enrichies en vitamines et en substances naturelles favorisant la coloration (carotènes, etc.)
Territorial envers les autres apogons.	Incubation buccale du mâle. Inconnue en aquarium.

Les apogons sont des planctophages nocturnes caractérisés par leurs grands yeux. Ils apprécient peu les aquariums très éclairés. On les maintient dans un bac modérément illuminé où on leur fournit un surplomb sous lequel ils se dissimulent pendant la journée.

Apogon maculatus est une espèce territoriale qu'il est difficile de maintenir en groupe. Garder un seul spécimen par aquarium à moins d'en introduire plusieurs simultanément dans une grande cuve. En revanche, son adaptation à la captivité est très facile.

Pterapogon kauderni

Apogon de Banggai

10002 Apogonidae

Difficulté

Attention, la maintenance de deux exemplaires du même sexe donne lieu à des poursuites finissant par épuiser le plus faible. Il est préférable de se procurer un couple certifié.

7,5 cm.

Endémique de l'archipel de Banggai, Indonésie.

Excellente.

Calme. Les couples sont territoriaux. Ne maintenir en groupe que dans une grande cuve.

96 l.

Aucun.

Artémias, krill, mysis, chair de poisson, etc.

Facile. Incubation buccale du mâle et libération du frai après 3 à 4 semaines. Nourrir aux nauplies d'artémias enrichies.

Les apogons doivent être maintenus dans un bac peu éclairé, ce sont des animaux nocturnes qui craignent la lumière. À défaut, on leur procurera une grotte dans laquelle ils se cacheront pendant la journée. Préférer des voisins calmes. Les couples formés à partir d'un groupe défendent âprement leur territoire. Les jeunes se soustraient à la prédation en se réfugiant parmi les épines d'un oursin diadème. En aquarium, ils acceptent un substitut en plastique.

Sphaeramia nematoptera

Apogon pyjama

Apogonidae 12003

Difficulté

8,5 cm.

De Java à la Papouasie-Nouvelle-Guinée, des îles Ryukyu à la Grande Barrière de Corail.

Excellente, bien qu'il constitue une menace pour les vers.

Calme. Maintenir en groupe.

96 l.

Aucun.

Artémias, mysis, chair et œufs de poisson, krill, etc.

Incubation buccale du mâle. Inconnue en aquarium.

Comme tous les apogons, *Sphaeramia nematoptera* craint la lumière vive et les compagnons trop remuants. Prévoir de nombreuses cachettes où il pourra se réfugier en cas de nécessité.

L'apogon pyjama est un très bon candidat pour les aquariophiles débutants car il est facile à acclimater et très résistant. C'était d'ailleurs un poisson très prisé des aquariophiles avant qu'il tombe en désuétude lors de l'arrivée de son cousin *Pterapogon kauderni*.

Les groupes sont hiérarchisés et on observe parfois des joutes sans gravité.

Balistapus undulatus

Baliste strié, baliste vert

13001 Balistidae

Difficulté

Jusqu'à 30 cm.	1000 l.
De la mer Rouge aux îles Tuamotu, du sud du Japon à la Grande Barrière de Corail.	Aucun.
Incompatible. Prédateur universel.	Alimentation fraîche ou congelée : chair de poisson, crevette, moule, encornet, etc.
Très agressif. Un aquarium exclusif est préférable pour les grands adultes.	Inconnue en aquarium.

Attention

à l'achat impulsif, d'autant que ce poisson est généralement vendu au stade juvénile avant que sa vraie nature ne soit développée.

Balistapus undulatus est très beau, il mange facilement et tolère les écarts de maintenance. Un poisson « zéro défaut » ? Pas exactement. C'est une affaire de caractère : parfois timide au premier abord, il devient vite familier, voire entreprenant. Il n'hésitera pas à mordre son soigneur et mènera la vie dure à ses voisins captifs à tel point qu'on réserve parfois une cuve pour lui seul. Pour les aquariophiles qui désirent gérer une forte tête.

Balistes vetula

Baliste royal

Balistidae 13002

Difficulté

Jusqu'à 60 cm.	2000 l.
Atlantique tropical, Caraïbes.	Aucun.
Incompatible. Prédateur universel.	Oursins et autres invertébrés benthiques. En aquarium : chair de poisson, crustacés, coquillages, céphalopodes, etc.
Très agressif. Un aquarium exclusif est préférable pour les grands adultes.	Inconnue en aquarium.

Chez les balistes, la première épine dorsale se verrouille grâce à la seconde par un mécanisme de gâchette. Ces poissons sont alors indélogeables des anfractuosités du récif lorsqu'ils désirent échapper à leurs prédateurs.

Juvénile ou subadulte, *Balistes vetula* est un « baliste comme les autres » : on lui associe des poissons plus grands que lui, on évite de se faire mordre, on se prépare à ré-agencer le décor régulièrement et on protège ou on éloigne les chauffe-eau et canalisations ! Il change ensuite « de catégorie » et entre dans le cercle très fermé des ingérables… à moins d'avoir un aquarium monumental à lui consacrer exclusivement. Pas sérieux s'abstenir.

Balistoides conspicillum

Baliste-clown

13003 Balistidae

Difficulté

Jusqu'à 50 cm	1000 l
De l'Afrique de l'Est aux îles Samoa, du sud du Japon à l'île de Lord Howe	Aucun
Incompatible. Prédateur universel.	Principalement échinodermes et crustacés. Accepte toute nourriture carnée fraîche ou congelée. Complément végétal conseillé (petits pois, broccolis. . .).
Agressif et lunatique. Préférer des voisins de même taille ou plus grands.	Inconnue en aquarium

Tous les balistes sont susceptibles de mordre et leur « bec » inflige une douloureuse blessure. Il est donc déconseillé de nourrir à la main, préférez utiliser une pince pour un nourrissage ciblé. De même, on prendra garde lors des entretiens de l'aquarium, une épuisette s'avère bien utile pour une contention.

Balistoides conspicillum est à n'en pas douter un poisson difficile. Son caractère est aussi irrégulier que sa livrée ! Le pire succède parfois au meilleur et un hôte sans reproche devient un tueur en série... C'est un animal agressif qui n'hésite pas à mordre son soigneur. Il n'est pas recommandé d'acquérir un spécimen trop petit car l'acclimatation des juvéniles s'avère très difficile. Subadultes et adultes sont très robustes.

Melichthys vidua

Baliste à queue rose

Balistidae 13004

Difficulté

Jusqu'à 35 cm.

De l'Afrique de l'est à Hawaii, du sud du Japon à la Grande Barrière de Corail.

Un des rares balistes pour l'aquarium récifal. Ignore généralement les invertébrés sessiles. Présente un danger pour les crustacés, en particulier les crevettes.

Peu agressif.

1000 l.

Aucun.

Principalement algues et détritus, mais aussi échinodermes, éponges, crustacés... Donner une nourriture carnée variée en complément d'une alimentation végétale (salade, épinards, brocolis, pois, nori...).

Inconnue en aquarium.

Melichthys vidua est un baliste particulièrement sociable, à recommander aux débutants, d'autant plus qu'il est peu coutumier des bouleversements du décor. On lui associe généralement des voisins plus calmes et plus grands ou plus agressifs et plus petits. C'est un poisson généralement un peu timide lors de l'acclimatation mais il trouvera rapidement sa place dans l'aquarium communautaire.

Odonus niger

Baliste bleu, baliste à dents rouges

13005 Balistidae

Difficulté

Un des rares balistes pour l'aquarium récifal. Ignore les anthozoaires mais présente un danger pour les éponges, les crustacés et les escargots. Les crevettes nettoyeuses sont tolérées si introduites les premières.

Jusqu'à 40 cm.	1000 l.
De la mer Rouge à la Polynésie, du sud du Japon à la Grande Barrière de Corail.	Aucun.
Possible sous réserves, voir encadré ci-contre.	Chair de poisson, crevette, moule, encornet, frais ou congelés, etc.
Peu agressif. Peut être maintenu en groupe dans les bacs spacieux.	Inconnue en aquarium

Odonus niger est essentiellement planctophage et nécessite plusieurs distributions de petites rations chaque jour. Il est timide après son introduction mais devient rapidement plus familier. Peu agressif envers ses congénères, il supporte même la présence d'autres membres de son espèce, à condition qu'ils soient introduits jeunes et simultanément. Il lui faut une cachette où se dissimuler et un vaste espace de nage. *Odonus niger* mord les soigneurs imprudents !

Pseudobalistes fuscus

Baliste à rides bleues

Balistidae 13006

Difficulté

Jusqu'à 55 cm.

De la mer rouge à la Polynésie, du sud du Japon à la Grande Barrière de Corail.

Incompatible. Prédateur universel.

Très agressif. Pour un bac de fortes têtes !

1500 l

Aucun.

Omnivore opportuniste (oursins, crustacés, algues, détritus, coraux, etc.). Donner une nourriture variée, fraîche ou congelée, comprenant une portion végétale.

Inconnue en aquarium.

Les balistes sont capables de broyer le matériel non protégé : chauffage, diffuseurs, câbles, etc. Veillez à enlever tout cela de leur portée. De même, les décors synthétiques peuvent être attaqués ; une épaisseur de trois couches de résine est un minimum pour que la réalisation résiste.

Les juvéniles sont assez tolérants avec leurs voisins mais la sociabilité devient très sélective chez les subadultes et adultes : seules d'autres espèces belliqueuses survivent à leur agressivité. Le soigneur lui-même doit faire attention aux morsures parfois cuisantes.

Pseudobalistes fuscus est spécialisé dans le réarrangement du décor : il bouscule tout à la recherche de proies et il ne fait pas bon l'importuner à cette occasion.

Rhinecanthus aculeatus

Baliste Picasso

13007 Balistidae

Difficulté

Jusqu'à 25 cm.	600 l.
De l'Afrique de l'Est à Hawaii, du sud du Japon à l'île Lord Howe.	Aucun.
Prédateur de nombreux invertébrés à l'exception des anémones-tapis du genre *Stychodactyla* et des autres anthozoaires très urticants.	Se nourrit d'invertébrés benthiques, d'algues et de détritus. En aquarium : crustacés, chair de poisson, coquillages, etc. et complément végétal.
Agressif. Préférer des voisins de même taille ou plus grands.	Ponte observée en aquarium.

Les juvéniles peuvent cohabiter mais le temps passant, des conflits apparaîtront, sauf entre des individus de même taille, introduits simultanément. Les *Rhinecanthus* peuvent devenir très familiers. Nombre d'aquariophiles considèrent *R. aculeatus* comme un poisson domestique autant qu'un poisson d'ornement ! La facilité d'acclimatation et de maintenance est à l'origine de ce succès. Les *Rhinecanthus* produisent un bruit tout à fait audible hors de l'aquarium lorsqu'ils sont effrayés.

Rhinecanthus assasi

Baliste Picasso de la mer Rouge

Balistidae 13008

Difficulté

Jusqu'à 30 cm.	600 l.
Mer Rouge, golfe d'Oman, golfe Persique.	Aucun.
Prédateur de nombreux invertébrés à l'exception des anémones-tapis du genre Stychodactyla et des autres anthozoaires très urticants.	Se nourrit d'invertébrés benthiques, d'algues et de détritus. En aquarium : crustacés, chair de poisson, coquillages, etc. et complément végétal.
Agressif. Préférer des voisins de même taille ou plus grands.	Ponte observée en aquarium.

Rhinecanthus assasi est le cousin arabe de *R. aculeatus*. Les juvéniles peuvent cohabiter, mais le voisinage devient de plus en plus difficile avec l'âge. Les congénères de même taille seront acceptés s'ils ont été introduits au même moment. Les *Rhinecanthus* deviennent familiers avec leur soigneur, mais ont l'habitude détestable de croquer les chauffe-eau, la tuyauterie, et de bouleverser le décor de l'aquarium ! Ce baliste, comme ses cousins du même genre, a l'habitude de dormir allongé sur le côté, ce qui peut tromper le soigneur sur son état de santé.

Sufflamen bursa

Baliste carène, baliste à ligne blanche

13009 Balistidae

Difficulté

Jusqu'à 24 cm.

De l'Afrique de l'Est à Hawaii, du sud du Japon à la Grande Barrière de Corail.

Prédateur de nombreux invertébrés à l'exception des anémones-tapis du genre *Stychodactyla* et des autres anthozoaires très urticants.

Moins agressif que les autres balistes.

600 l.

Aucun.

Omnivore et détritivore. Toutes les nourritures sont acceptées en aquarium, penser à la ration végétale (algues, légumes verts pochés, etc.).

Inconnue en aquarium.

Robuste et de taille modeste, *Sufflamen bursa* est plus sociable que les autres balistes, ce qui le désigne parmi les meilleurs candidats pour aborder cette famille. Il faut cependant introduire les grands spécimens en dernier dans l'aquarium et faire attention à ses doigts ! Parfois timide à l'acclimatation, il devient vite moins farouche et peut reconnaître son soigneur. Sa robe change de couleur et d'intensité selon son humeur, pour défendre son territoire par exemple. Ce poisson est assez rare dans le commerce.

Xanthichthys mento

Baliste à contre-hachures

Balistidae 13010

Difficulté

Jusqu'à 29 cm.

Principalement les îles océaniques subtropicales parmi lesquelles le sud du Japon, Hawaii, Pitcairn, Pâques, le sud de la Californie.

Un des rares balistes pour l'aquarium récifal. Ignore généralement les invertébrés sessiles. Présente un danger pour les crustacés, en particulier les crevettes.

Peu agressif. Peut être maintenu en harem dans les bacs spacieux.

600 l.

Le mâle présente une queue rouge.

Chair de poisson, crevette, moule, encornet, frais ou congelés, etc.

Inconnue en aquarium.

Xanthichthys mento est un poisson corallien d'eau assez profonde (40 m ou plus) vivant en banc. Il est facile à acclimater et à maintenir. On évitera de l'exposer aux lumières trop vives en lui aménageant une vaste zone de nage sous un grand surplomb par exemple. Il apprécie un bon brassage de l'eau et beaucoup d'espace. Un mâle et plusieurs femelles peuvent cohabiter si on les introduit simultanément.

Ecsenius bicolor

Blennie bicolore

14001 **Blenniidae**

Difficulté

La plupart des *Ecsenius* spp. sont herbivores et constituent des auxiliaires utiles pour lutter contre les algues. Certaines, et en particulier *E. bicolor* et *E. gravieri*, incluent de petits polypes de madrépores ou du mucus corallien à leur régime alimentaire. Leur nourriture devra inclure une forte proportion végétale et le décor de l'aquarium devra si possible être couvert de microalgues.

10 cm.

Des Maldives aux îles Phoenix, des îles Ryukyu au sud de la Grande Barrière de Corail.

Mange parfois les coraux durs à petits polypes et les panaches des annélides ou mord les coraux à gros polypes et les bénitiers.

Agressif envers ses congénères et les poissons benthiques semblables. Maintenir un seul spécimen par cuve.

96 l.

Aucun.

Microalgues de l'aquarium et complément végétal sec ou congelé (algues marines, nori, spiruline, etc.).

Inconnue en aquarium.

Les *Ecsenius* spp. occupent souvent des tubes de vers ou des anfractuosités tubulaires du décor et défendent vigoureusement leur territoire au cours de combats codifiés. Il faut donc éviter de les associer. Leur petite taille est compatible avec les aquariums modestes, qui donnent l'opportunité de mieux les observer. Les *Ecsenius* sont susceptibles de sauter hors de l'aquarium et il vaut mieux les maintenir dans une cuve couverte.

Ecsenius midas

Blennie de Midas

Blenniidae 14002

Difficulté

13 cm.	96 l.
De la mer Rouge à la Polynésie.	Aucun.
Excellente.	Chair de crevette hachée, artémias, mysis, etc. fraîches, congelées ou lyophilisées ainsi qu'un complément végétal.
Généralement sociable. Occasionnellement agressif envers les planctophages dans les petites cuves.	Inconnue en aquarium.

Ecsenius midas se mêle temporairement aux bancs d'anthias grâce à sa couleur orangée pour partager le zooplancton pélagique avec ces barbiers. Les diverses formes géographiques présentent des couleurs différentes selon les opportunités de mimétisme. À la différence de bien des blennies qui ne quittent guère leur cachette ou le contact avec le substrat, *E. midas* est capable de se mouvoir en pleine eau avec élégance. Son comportement pacifique et son régime alimentaire zooplanctophage constituent une exception dans le genre *Ecsenius*.

Meiacanthus mossambicus

Blennie à queue jaune, blennie africaine

14003 Blenniidae

Difficulté

Les dents creuses des *Meiacanthus* sont associées à des glandes à venin : la morsure venimeuse d'un *Meiacanthus* dans la bouche-même du carnivore oblige celui-ci à recracher sa proie et le dissuade de s'y intéresser à l'avenir ! Certains *Ecsenius* et *Plagiotremus* imitent la livrée des *Meiacanthus* pour profiter de la peur qu'ils inspirent aux prédateurs.

10 cm.	96 l.
Afrique de l'Est, Comores et Madagascar.	Aucun.
Excellente.	Chair de crevette hachée, artémias, mysis etc. fraîches, congelées ou lyophilisées ainsi qu'un complément végétal. Microfaune de l'aquarium.
Généralement sociable mais parfois agressif envers ses congénères.	Inconnue en aquarium.

Ces microphages parcourent l'aquarium à la recherche de petites proies benthiques. Ils apprécient un écosystème captif mature, ayant développé une abondante biodiversité, dans lequel ils pourront trouver une partie de leur subsistance par eux-mêmes. Même s'ils supportent mal leurs congénères, les *Meiacanthus* sont peu agressifs et parfois gênés par des voisins trop turbulents. Attention, leur morsure est venimeuse et cuisante pour leur soigneur.

Meiacanthus smithi

Blennie de Smith

Blenniidae 14004

Difficulté

8 cm.	96 l.
Maldives, sud-est de l'Inde et ouest de l'Indonésie.	Aucun.
Excellente.	Chair de crevette hachée, artémias, mysis, etc. fraîches, congelées ou lyophilisées ainsi qu'un complément végétal. Microfaune de l'aquarium.
Agressif envers ses congénères.	Inconnue en aquarium.

Meiacanthus smithi est agressif envers toutes les blennies semblables, notamment *M. mossambicus, M. nigrolineatus* et *M. atrodorsalis*. Il ne peut donc être maintenu qu'avec des poissons suffisamment différents. Il est parfaitement compatible avec l'aquarium récifal. Ce n'est qu'en cas de disette qu'il risque de s'attaquer aux panaches des annélides, tout comme *Ecsenius bicolor*.

À ne pas confondre avec *Plagiotremus phenax*, espèce mimétique mais dépourvue de bande oculaire noire. *P. phenax* n'est pas venimeuse mais se nourrit d'écailles et de fragments de nageoire arrachés à ses victimes, elle est donc à exclure de l'aquarium.

Dactylopus dactylopus

Dragonnet digité

15001 Callionymidae

Difficulté

Jusqu'à 18 cm.

Pacifique ouest.

Excellente.

Généralement sociable mais les mâles se battent. Peu tolérant avec les autres mandarins.

200 l.

Le premier rayon de la nageoire dorsale est plus long chez les mâles.

Délicat. Petits aliments carnés (artémias, mysis, vers de vase, etc.) enrichis en vitamines.

Inconnue en aquarium.

Peu fréquent chez les détaillants, *D. dactylopus* se distingue des autres dragonnets par le premier rayon libre des nageoires pelviennes (d'où son nom).

Ce spécialiste alimentaire nécessite un aquarium mature, ayant développé une riche biodiversité, de préférence connecté à un refuge et / ou comportant un vaste lit de sable vivant, de sorte qu'il puisse se nourrir, au moins partiellement, de lui-même. Il faut s'assurer de la prise d'aliment lors des distributions qui seront de préférence ciblées. Doté d'une petite bouche, il craint la concurrence alimentaire et ne devra cohabiter qu'avec des microphages calmes. Le dragonnet digité aime s'enfouir dans le sable la nuit ou en cas de menace.

Synchiropus ocellatus

Mandarin ocellé

Callionymidae 15002

Difficulté

	8 cm.		96 l.
	Du Viêt Nam aux îles Marquises, du sud du Japon au nord de la Grande Barrière de Corail.		Le premier rayon de la nageoire dorsale est plus long chez les mâles qui sont plus grands et plus colorés que les femelles.
	Excellente.		Délicat. Petits aliments carnés (artémias, mysis, vers de vase, etc.) enrichis en vitamines.
	Généralement sociable.		Frai déjà observé en aquarium.

La maintenance de *S. ocellatus* est plus aisée que celle des autres mandarins, il peut être gardé en harem et plusieurs mâles introduits simultanément peuvent cohabiter dans une grande cuve. Il cherche sa nourriture constituée de petits crustacés et notamment de copépodes parmi les algues du décor. Il est donc préférable de le maintenir dans un bac riche en microfaune et de préférence doté de roches vivantes et/ou d'un refuge. L'ocelle est normalement caché dans les replis de la dorsale, il ne devient visible que lorsque cette nageoire est érigée pour impressionner femelles et rivaux.

Lors de l'acclimatation, on peut nourrir les mandarins en utilisant une pipette ou un tube rigide. On dépose la nourriture près du poisson après l'avoir aspirée. Il est ainsi possible de distribuer une ration dans les endroits difficilement accessibles où le mandarin se dissimule. Pour stimuler l'appétit des animaux affaiblis, les vers de vase vivants constituent un mets de choix.

Synchiropus picturatus

Mandarin bariolé

15003 Callionymidae

Difficulté

Pour la destruction des planaires rouges, l'espèce voisine *S. stellatus* est particulièrement efficace.

7 cm.

Philippines, est de l'Indonésie et nord-ouest de l'Australie.

Oui.

Généralement sociable mais les mâles se battent. Peut être maintenu en couple.

96 l.

La nageoire dorsale est plus développée chez les mâles qui sont légèrement plus colorés que les femelles.

Délicat. Petits aliments carnés (artémias, mysis, vers de vase, etc.) enrichis en vitamines.

Frai déjà observé en aquarium.

Ce poisson courant chez les détaillants est un spécialiste alimentaire très exigeant, difficile à acclimater et à nourrir (voir *S. ocellatus*). Les mâles ne peuvent cohabiter ni entre eux ni avec les mâles de *S. splendidus*. C'est, par ailleurs, une espèce pacifique envers les autres poissons et les invertébrés sauf parfois les corallimorphaires. Il peut être utile en aquarium récifal car il dévore quelquefois les planaires rouges, *Convolutriloba retrogemma*, qui nuisent aux invertébrés sessiles. Il convient d'éviter la cohabitation avec les anémones, les mandarins produisent un mucus qui repousse les prédateurs mais ne les protège pas de la voracité de ces cnidaires. Prévoir un décor comportant de nombreuses cachettes.

Synchiropus splendidus

Mandarin cachemire

Callionymidae 15004

Difficulté

8 cm.

Des Philippines à la Nouvelle-Calédonie, des îles Ryukyu au sud de la Grande Barrière de Corail.

Excellente.

Généralement sociable mais les mâles se battent. Peut être maintenu en couple.

96 l.

Le premier rayon de la nageoire dorsale est nettement plus long chez les mâles.

Délicat. Petits aliments carnés (artémias, mysis, vers de vase, etc.) enrichis en vitamines.

Frai déjà observé en aquarium.

Maintenir dans un bac ancien, comportant de nombreuses cachettes et une flore algale suffisamment développée pour abriter une microfaune abondante constituant l'essentiel de la nourriture de ces poissons à petite bouche qui s'alimentent exclusivement sur le substrat. La qualité de l'eau semble fondamentale pour cette espèce fragile. Voir aussi *S. ocellatus* et *S. picturatus*.

L'accouplement, généralement observé de nuit en aquarium, est spectaculaire. Les partenaires entrent en contact et se dirigent simultanément vers la surface avant de regagner le fond. Après plusieurs passages improductifs, ils libèrent ovules et spermatozoïdes au sommet de leur trajectoire. Les œufs et les larves flottent et sont emportés par le courant.

Gnathanodon speciosus

Carangue royale jaune

16001 Carangidae

Difficulté

Jusqu'à 110 cm et 15 kg !	3000 l, au moins.
De la mer Rouge à Panama, des îles Ryukyu et Hawaii à la Nouvelle-Calédonie.	Aucun.
Non recommandé. Dévore les crustacés et les petits poissons.	Vorace. Toutes nourritures carnées.
Sociable mais glouton. Forme des bancs dans les très grandes cuves.	Inconnue en aquarium.

Les carangues sont des opportunistes qui forment généralement des bancs dans le sillage des grands prédateurs pélagiques, en particulier les requins et les mérous. Les juvéniles, eux aussi grégaires, vivent souvent à l'abri des tentacules des méduses.

Les juvéniles ont le corps jaune barré de noir. Les adultes finissent par perdre leurs bandes noires, le dos devenant argenté.

C'est un poisson énorme, très actif et pélagique, il nécessite évidemment de l'espace.
La maintenance n'est pas difficile en soi mais *Gnathanodon speciosus* est à réserver aux cuves monumentales des aquariums publics, d'autant qu'il s'agit d'une espèce grégaire et qu'il est préférable de garder plusieurs spécimens ensemble. S'il est isolé, un individu va chercher à se rapprocher d'une autre espèce, ce qui risque d'engendrer des conflits.

Aeoliscus strigatus

Poisson-couteau strié

Centriscidae 17001

Difficulté

15 cm.	96 l.
Des Seychelles à la Nouvelle-Calédonie, du sud du Japon à la Grande Barrière de Corail.	Nageoires anales plus longues et effilées chez le mâle.
Excellente.	Petits aliments carnés : artémias, mysis, etc. enrichis, plusieurs fois par jour.
Sociable et grégaire.	Ponte observée en aquarium.

Aeoliscus strigatus est un spécialiste alimentaire très exigeant, il est difficile à nourrir et craint la concurrence alimentaire. Lors de l'acclimatation, il faut impérativement distribuer de la nourriture vivante et s'assurer de son ingestion lors des distributions. On essaiera ensuite d'habituer les animaux aux proies mortes. Les poissons-couteaux vivent en bancs dans les eaux calmes, en position verticale, la tête dirigée vers le substrat. Ils se réfugient habituellement parmi les épines des oursins diadèmes ou dans les colonies coralliennes en cas de danger. Poisson parfaitement adapté à l'aquarium récifal, à maintenir en groupe — les joutes rituelles dans le banc sont sans conséquence — en compagnie d'autres espèces calmes.

Lors de la parade nuptiale le mâle présente sa nageoire anale à la femelle. Les œufs sont libérés en pleine eau et abandonnés par les parents, ils montent à la surface.

Chaetodon auriga

Papillon-cocher

18001 Chaetodontidae

Difficulté

15 à 20 cm.

De la mer Rouge à Hawaii, du Japon à l'Afrique du Sud et à l'Australie.

Non.

Agressif envers tout individu de son espèce ou d'aspect similaire.

450 l.

Aucun.

Artémias, mysis, fragments de moules, néréis, anémones de verre, épinards, salades et autres légumes broyés et pochés.

Inconnue en aquarium.

Voici une espèce malheureusement moins commune sur le marché que dans son immense aire de répartition. Elle doit ses noms commun et scientifique (*auriga* = aurige) au filament que les adultes sauvages portent à l'arrière de la nageoire dorsale et qui évoque le fouet d'un cocher. Cet attribut ne se développe pas en aquarium et ne s'y régénère pas s'il est amputé. On évitera donc la cohabitation avec des espèces mordeuses. C'est un des chétodons les plus faciles : quelle que soit la taille à laquelle on l'achète, son caractère peu farouche et son régime alimentaire varié permettent de l'acclimater rapidement à la captivité. Les adultes provenant de mer Rouge n'ont pas de tache noire à l'arrière de la dorsale.

Chaetodon capistratus

Papillon à quatre yeux

Chaetodontidae 18002

Difficulté

Jusqu'à 15 cm.	240 l.
Caraïbes.	Aucun.
Non.	Morceaux de néréis, artémias, mysis, chair de crevettes, moule crue et cuite.
Pacifique sauf avec les membres de son espèce.	Inconnue en aquarium.

Les Caraïbes n'ont que sept espèces de papillons ; *C. capistratus* est la plus commune. Son régime alimentaire est constitué de zoanthaires, de gorgones, de polychètes et de tuniciers. Toute la difficulté consiste à lui faire accepter des nourritures de substitution. Pour cela, il faudra l'acclimater seul dans un aquarium sain muni de roches vivantes de bonne qualité offrant refuges et nourriture. Les aliments les plus attractifs (morceaux de néréis vivantes, artémias vivantes, moule fraîche ouverte) lui seront proposés avec patience. Lorsqu'il mangera sans difficulté ce qu'on lui présente, il pourra rejoindre l'aquarium communautaire. Sa maintenance sera alors relativement aisée pour peu que son environnement et ses compagnons soient aussi calmes que lui.

Chaetodon collare

Papillon à collier

18003 Chaetodontidae

Difficulté

	Jusqu'à 16 cm.		450 l.
	Nord de l'océan Indien, du golfe d'Aden aux Philippines.		Aucun.
	Non.		Artémias, mysis, fragments de moules, néréis, anémones de verre, épinards, salades et autres légumes broyés et pochés.
	Pacifique sauf avec les membres de son espèce.		Inconnue en aquarium.

C. collare fait partie des espèces de chétodons les plus faciles et les plus robustes. Son régime naturel dans les récifs coralliens est constitué essentiellement de polypes de coraux et de polychètes. Mais il fréquente aussi les côtes rocheuses où il s'attaque aux algues et à d'autres proies. Cette souplesse alimentaire, alliée à un caractère peu farouche, contribue à faciliter son acclimatation. Par la suite, il mangera quasiment de tout et ne se laissera guère intimider par les autres occupants de son bac.

Chaetodon ephippium

Papillon à selle

Chaetodontidae 18004

Difficulté

Jusqu'à 25 cm environ.	450 l.
Pacifique ouest et central jusqu'à Hawaii, vers l'est jusqu'au Sri Lanka.	Aucun.
Non.	Néréis, artémias, chair de moules et de crustacés, algues séchées, épinards et autres aliments végétaux.
Pacifique sauf avec les membres de son espèce.	Inconnue en aquarium.

Le papillon à selle a une robe unique et spectaculaire. De plus, les grands adultes développent un filament jaune à l'arrière de la nageoire dorsale qui ne repousse malheureusement pas s'il est amputé.

C'est une espèce au régime alimentaire varié qui accepte sans difficulté majeure les nourritures qui lui sont proposées en captivité. Elle s'acclimate donc plutôt facilement. Par la suite, en lui offrant une alimentation toujours variée, on pourra la conserver très longtemps en aquarium.

À noter qu'une espèce proche, *C. xanthocephalus*, occupe l'ouest de l'océan Indien. Les deux cohabitent au Sri Lanka d'où des hybrides naturels sont parfois exportés.

Chaetodon falcula

Papillon-faucille

18005 Chaetodontidae

Difficulté

Jusqu'à 20 cm.	450 l.
Océan Indien, de l'Afrique du Sud aux îles Andaman.	Aucun.
Non.	Néréis, artémias, mysis, chair de moules et de crustacés, algues séchées, etc.
Pacifique sauf avec les membres de son espèce.	Inconnue en aquarium.

Dans son milieu naturel, le récif corallien, cette espèce active et peu craintive se nourrit de toutes sortes d'organismes : polypes de coraux durs et mous, vers, tuniciers, limaces de mer, algues, etc. En captivité, elle se satisfera rapidement des aliments de substitution qui lui seront proposés ; un régime alimentaire très diversifié étant le gage d'une bonne santé.

Dans le Pacifique, *C. falcula* est remplacé par *C. ulietensis*. Les deux espèces, très proches, sont souvent confondues sur le marché aquariophile. Il est toutefois aisé de les distinguer : la seconde a des taches noires plus diffuses et une coloration jaune limitée à la partie postérieure du corps.

Chaetodon fasciatus

Raton laveur de mer Rouge

Chaetodontidae 18006

Difficulté

Jusqu'à 25 cm.	450 l.
Mer Rouge et golfe d'Aden.	Aucun.
Non.	Chair de moule crue et cuite, néréis, artémias, mysis, algues séchées.
Pacifique sauf avec les membres de son espèce.	Inconnue en aquarium.

Ce chétodon, endémique de mer Rouge, se nourrit dans les récifs coralliens de polypes de coraux mais aussi d'algues et de toutes sortes de petits invertébrés. En aquarium, il accepte rapidement les aliments de substitution et s'avère robuste. Il se distingue de son espèce sœur de l'océan Indien, *C. lunula*, par l'absence de tache noire sur le pédoncule caudal et de bandeau noir bordé de jaune en arrière de la tête. Il a aussi un comportement nettement plus diurne.

Les juvéniles sont identiques aux adultes avec, toutefois, sur la partie molle de la nageoire dorsale, un ocelle noir qui disparaît rapidement.

Chaetodon kleinii

Papillon de Klein

18007 Chaetodontidae

Difficulté

Jusqu'à 14 cm.	240 l.
Océan Indien, Pacifique ouest et central jusqu'à Hawaii et aux Samoa.	Aucun.
Oui sous réserves.	Néréis, artémias, mysis, chair de moules, algues.
Pacifique sauf avec les membres de son espèce.	Inconnue en aquarium.

Voici une espèce apparemment peu attrayante mais qui mérite notre attention. Sa petite taille permet de l'élever dans des volumes relativement restreints, elle s'acclimate plutôt facilement à la captivité et les adultes développent de jolies nuances bleutées, en particulier sur le front. De plus, c'est un des rares chétodons adapté à l'aquarium récifal. En effet, si, dans la nature, il mange de tout, y compris des coraux mous, l'expérience montre qu'en aquarium, il est un bon régulateur des *Aiptasia* et que, bien nourri, il ne s'attaque pas aux coraux. Il convient toutefois d'être prudent, les goûts pouvant varier avec le temps et les individus !

À noter que des erratiques sont parfois observés jusqu'aux Galápagos.

Chaetodon lunula

Raton laveur

Chaetodontidae 18008

Difficulté

- Jusqu'à 20 cm.
- Océan Indien, Pacifique ouest et central.
- Non.
- Pacifique sauf avec les membres de son espèce.
- 450 l.
- Aucun.
- Chair de moule, néréis, artémias, mysis, algues séchées.
- Inconnue en aquarium.

Ce poisson-papillon, qui a une aire de répartition très étendue (parfois observé aux Galápagos !), ne pénètre pas en mer Rouge où il est remplacé par *C. fasciatus*. Il se distingue de cette espèce par une taille adulte inférieure, une tache noire sur le pédoncule caudal, une bande noire bordée de jaune en arrière de la tête et… un comportement nettement nocturne, caractère unique chez les chétodons.

Dans la nature, il fréquente les récifs coralliens et rocheux où il se nourrit essentiellement de nudibranches, de polypes de coraux, de vers et d'algues. En aquarium, il accepte rapidement les nourritures de substitution et s'habitue vite à être actif de jour.

Comme chez le raton laveur de mer Rouge, les juvéniles ont un ocelle noir dans la partie molle de la nageoire dorsale.

Chaetodon paucifasciatus

Papillon cul-rouge

18009 Chaetodontidae

Difficulté

Jusqu'à 14 cm.	240 l.
Mer Rouge et golfe d'Aden.	Aucun.
Non.	Morceaux de néréis et de moules, mysis, algues.
Pacifique sauf avec les membres de son espèce.	Inconnue en aquarium.

Voici une espèce vivement colorée endémique de mer Rouge. Dans son milieu naturel, elle se nourrit de polypes de certains coraux, mais aussi d'algues filamenteuses, de polychètes et de crustacés. Les roches vivantes et le commerce aquariophile fourniront aisément les premiers aliments lors de l'acclimatation. Les nourritures usuelles, même relativement grosses, seront ensuite rapidement acceptées. Comme chez tous les chétodons, les relations intraspécifiques sont difficiles et la cohabitation de plusieurs spécimens doit être évitée. Dans le cas présent, cette restriction s'étend aux espèces voisines, *C. madagaskariensis*, *C. mertensii* et *C. xanthurus*.

Les juvéniles présentent, à l'arrière de la dorsale, une tache noire qui disparaîtra progressivement.

Chaetodon punctatofasciatus

Papillon tacheté barré

Chaetodontidae 18010

Difficulté

Jusqu'à 12 cm.	240 l.
Pacifique ouest essentiellement.	Aucun.
Possible avec prudence.	Artémias, petites mysidacées, chair de moule crue ou cuite.
Pacifique sauf avec les membres de son espèce.	Inconnue en aquarium.

C. punctatofasciatus est un très beau chétodon malheureusement trop rare sur le marché. Sa petite taille le destine aux aquariums de volume modeste qu'il explore sans cesse à la recherche d'algues et de minuscules invertébrés benthiques à picorer. On l'acclimate sans difficulté avec des roches vivantes, des moules crues ouvertes et des aliments fins. L'important est qu'il ait toujours affaire à des compagnons au moins aussi calmes que lui, même au moment des repas. Dans la nature, il consomme également des polypes de coraux. Pourtant, certains auteurs affirment l'avoir maintenu sans problème en bac récifal. Faute de plus de précisions, il convient de rester prudent.

Chaetodon rainfordi

Papillon de Rainford

18011 Chaetodontidae

Difficulté

Jusqu'à 15 cm.	450 l.
Du sud de la Nouvelle-Guinée à la Grande Barrière de Corail.	Aucun.
Non.	Coraux durs, algues, vers de vase, artémias, mysis, moule crue.
Pacifique sauf avec les membres de son espèce.	Inconnue en aquarium.

C. rainfordi est une espèce mystérieuse et délicate à acclimater. Provenant d'une région éloignée, les rares spécimens proposés sont souvent très affectés par la durée de leur voyage, ce qui explique en partie les échecs à l'acclimatation. Les données sur son régime alimentaire sont contradictoires : elle se nourrirait soit de coraux, soit d'algues et de petits invertébrés benthiques. En aquarium, seuls les plus jeunes individus acceptent, timidement, les aliments usuels, souvent après n'avoir mangé pendant longtemps que des coraux durs et brouté des roches vivantes. Seules les techniques d'élevage commercial à partir de post-larves pourront populariser ce superbe poisson. En attendant, il est à réserver aux amateurs chevronnés.

Chaetodon semilarvatus

Papillon masqué

Chaetodontidae 18012

Difficulté

Jusqu'à 23 cm.	450 l.
Mer Rouge et golfe d'Aden.	Aucun.
Non.	Néréis, chair de moules et de crevettes, artémias, mysis, épinards et autres légumes hachés et pochés.
Pacifique, parfois même avec les membres de son espèce.	Inconnue en aquarium.

C. semilarvatus est un des plus somptueux chétodons, de plus, sa maintenance ne présente pas de difficulté majeure. Dans son milieu naturel, il débute ses journées en groupe, immobile sous les plateaux coralliens. Dans l'après-midi, les individus se dispersent, souvent en couples, à la recherche des polypes de coraux qui forment l'essentiel de leur régime alimentaire. Toutefois, cette espèce accepte assez facilement les diverses nourritures de substitution qu'on lui propose en aquarium. Et pour peu qu'on la maintienne dans un grand bac offrant de vastes et tranquilles abris ombragés où passer ses matinées, elle s'épanouira au point de tolérer, ce qui est rare chez les papillons, des compagnons de la même espèce.

Chaetodon striatus

Papillon rayé

18013 Chaetodontidae

Difficulté

Jusqu'à 15 cm.	450 l.
Caraïbes, de la Floride au Nordeste brésilien.	Aucun.
Non.	Morceaux de néréis, artémias, mysis, chair de crevettes et de moules.
Pacifique sauf avec les membres de son espèce.	Inconnue en aquarium.

Ce joli poisson-papillon fréquente les récifs coralliens mais aussi les zones plutôt rocheuses où il se nourrit de polychètes, de polypes de coraux et de petits crustacés. Les jeunes individus s'acclimatent assez aisément à la captivité et ne présentent plus ensuite de difficultés s'ils sont maintenus dans des aquariums peuplés d'espèces calmes.

Les juvéniles peuvent être confondus avec ceux de *C. capistratus*, tous deux ayant un ocelle dans la partie postérieure de la nageoire dorsale et des bandes sombres sur fond clair.
Par ailleurs, des hybrides naturels *C. striatus* X *C. ocellatus* ont été signalés en divers points de l'aire de répartition commune aux deux espèces.

Chaetodon trifasciatus

Papillon délavé

Chaetodontidae 18014

Difficulté

- Jusqu'à 15 cm.
- Océan Indien.
- Non.
- Pacifique sauf avec les membres de son espèce et des espèces voisines, mais peut vivre en couple.
- 240 l.
- Epine anale du mâle plus rouge que celle de la femelle.
- Coraux à petits polypes, roches vivantes, moule ouverte vivante.
- Inconnue en aquarium.

Comme son espèce sœur du Pacifique *(C. lunulatus)*, ce superbe chétodon est quasi exclusivement corallivore. Les juvéniles en parfaite santé et non amaigris pourront toutefois accepter des moules vivantes ouvertes et posées sur le sable. Celles-ci doivent être changées tous les jours et retirées la nuit. Pendant l'acclimatation, les poissons seront maintenus seuls ou par deux dans un bac pourvu de roches vivantes riches d'organismes encroûtants qu'ils picoreront. C'est à ce stade qu'un couple peut se former. Par la suite, on pourra leur adjoindre d'autres poissons calmes. Il n'est pas exclu qu'avec le temps, ils acceptent d'autres aliments, mais ils seront toujours fins et pris sur le substrat.

Chaetodon ulietensis

Papillon d'Uliétéa

18015 Chaetodontidae

Difficulté

Jusqu'à 15 cm.	450 l.
Pacifique ouest, du Japon à la Grande Barrière et, vers l'est, jusqu'aux Tuamotu.	Aucun.
Non.	Néréis, artémias, mysis, chair de moules et de crustacés, algues séchées, etc.
Pacifique sauf avec les membres de son espèce.	Inconnue en aquarium.

Cette espèce active et peu craintive ne présente pas de difficulté majeure lors de son acclimatation.

Elle se nourrit naturellement d'une grande variété d'organismes fixés, aussi acceptera-t-elle sans difficulté les aliments de substitution. Il faut veiller à ce que ceux-ci soient toujours les plus divers possibles pour qu'elle vive sans problème de longues années en aquarium.

L'espèce voisine *C. falcula*, de l'océan Indien, souvent confondue avec *C. ulietensis*, s'en distingue par un dos jaune dans lequel les taches sombres sont plus petites et mieux délimitées.

Chelmon rostratus

Chelmon

Chaetodontidae 18016

Difficulté

Jusqu'à 20 cm.	240 l.
Archipel Indo-Australien.	Aucun.
Oui.	Anémones de verre, copépodes, artémias, mysis, vers de vase, morceaux de néréis, chair de moule.
Pacifique sauf avec les membres de son espèce.	Inconnue en aquarium

Voici une espèce à succès : elle est à la fois très belle, et compatible avec l'aquarium récifal où elle s'avère un excellent auxiliaire de lutte contre les anémones de verre. Malheureusement, elle peut être délicate à acclimater. Pour mettre toutes les chances de son côté, il faudra préférer un juvénile, moins difficile sur la nature de son alimentation. On écartera les spécimens amaigris qui refusent souvent toute nouvelle nourriture. On lui offrira des roches vivantes dans les anfractuosités desquelles il pourra rechercher des petites proies, les aiptasias seront les bienvenues. Il prendra alors rapidement les petits crustacés usuels, surtout s'ils sont vivants.

Ne le transférer en bac communautaire qu'une fois parfaitement acclimaté.

Forcipiger flavissimus

Papillon-pincette

18017 Chaetodontidae

Difficulté

 Jusqu'à 20 cm.

 Mer Rouge et des côtes est-africaines au littoral ouest de l'Amérique centrale.

 Oui.

 Pacifique sauf avec les membres de son espèce.

 240 l.

 Aucun.

 Artémias, mysis, chair de moules et de crevettes, vers de vase, morceaux de néréis.

 Inconnue en aquarium.

Corps jaune, front noir, gorge blanche et museau démesuré, ce chétodon ne peut être confondu avec aucun autre, excepté son presque jumeau, *Forcipiger longirostris*, au bec encore plus long. Cet appendice est un outil de grande précision extrêmement efficace : il peut saisir les petits crustacés réfugiés au fond des anfractuosités, hors de portée des autres poissons, mais aussi s'insinuer entre les piquants des oursins pour leur arracher quelques pédicellaires en toute impunité. Malgré cette spécialisation apparemment stricte, cette espèce s'acclimate sans grande difficulté avec les nourritures usuelles et se montre rapidement peu farouche, même face à l'adversité lors des repas.

Forcipiger longirostris

Papillon-pincette à long bec

Chaetodontidae 18018

Difficulté

Jusqu'à 20 cm.

Océans Indien et Pacifique, de l'Afrique de l'Est au sud du Japon, à Hawaii et à Pitcairn.

Oui.

Pacifique sauf avec les membres de son espèce.

240 l.

Aucun.

Artémias, mysis, chair de moules et de crevettes, vers de vase, morceaux de néréis.

Inconnue en aquarium.

Le patron de coloration est semblable à celui de *F. flavissimus* mais il existe une phase brun foncé. Malgré le museau plus long et l'ouverture de la bouche plus petite que l'autre espèce du genre, ce chétodon n'est ni plus délicat ni plus difficile à nourrir, il supporte bien la concurrence alimentaire. La présence de roches vivantes avec leur cortège d'animalcules est particulièrement recommandée pendant la période d'acclimatation, on complétera l'alimentation par des artémias vivantes. Les autres aliments seront généralement acceptés ensuite sans difficulté. La taille des proies que *F. longirostris* est capable d'aspirer avec son bec si fin est étonnante.

Hemitaurichthys polylepis

Papillon-pyramide

18019 Chaetodontidae

Difficulté

Jusqu'à 18 cm.	600 l.
De l'archipel Indo-Australien à Hawaii et à la Polynésie.	Aucun.
Oui.	Artémias, mysis, fragments de néréis et de chair de moules et de crevettes, paillettes, granulés et épinards hachés.
Pacifique et grégaire.	Inconnue en aquarium.

Dans la nature, cette espèce forme des bandes nombreuses nageant en pleine eau près des tombants pour dévorer le plancton qu'apporte le courant. En aquarium, on peut en maintenir un seul, mais il est préférable de constituer un groupe de trois ou plus (les paires s'accordent mal) auquel on offrira un grand volume d'eau libre pour évoluer. Ils goberont sans difficulté tout aliment de petite taille passant à leur portée et iront jusqu'à dépecer une moule ouverte posée sur le substrat. Ils ne sont pas timides, mais on évitera les compagnons agressifs car ils ont l'épiderme fragile et sont sensibles aux affections cutanées dont ils guérissent difficilement.

Heniochus acuminatus

Étendard commun, cocher commun

Chaetodontidae 18020

Difficulté

Jusqu'à 25 cm.	600 l.
Océan Indien, Pacifique ouest et central jusqu'aux îles de la Société.	Aucun.
Non.	Artémias, mysis, crevettes, néréis, chair de moules, granulés, algues séchées, épinards et autres légumes hachés et pochés.
Pacifique sauf avec les membres de son espèce.	Inconnue en aquarium.

L'étendard doit son nom au prolongement rubané du quatrième rayon de sa nageoire dorsale. Il rode dans les récifs, près du fond, seul ou en couple, en quête de débris végétaux et de petits animaux planctoniques ou benthiques. Il est des plus faciles à acclimater, prenant rapidement toutes les nourritures qu'on lui offre, et sa maintenance ne pose pas de problème particulier. On veillera seulement à éviter la cohabitation avec les espèces susceptibles de mordre sa bannière. Le juvénile aime déparasiter les autres poissons, mais ce comportement peut devenir un problème s'il s'exerce toujours en direction du même compagnon.

Heniochus monoceros

Étendard masqué, cocher masqué

18021 Chaetodontidae

Difficulté

Jusqu'à 23 cm.	600 l.
Océan Indien, Pacifique ouest et central jusqu'aux Tuamotu.	Aucun.
Non.	Artémias, mysis, crevettes, néréis, chair de moules, granulés, algues séchées.
Pacifique sauf avec les membres de son espèce.	Inconnue en aquarium.

Cette espèce a, pour l'essentiel, la même aire de répartition que *H. acuminatus* mais elle y est moins fréquente et a un caractère plus farouche. Cela explique sans doute sa rareté sur le marché aquariophile. C'est dommage car elle est très séduisante. Son nom commun lui vient du curieux dessin blanc et brun foncé qui orne son museau et qui, de face, évoque un masque africain. Chez les grands individus, ce masque est surmonté d'une corne frontale.

Elle se nourrit naturellement de petits invertébrés benthiques, en particulier de polychètes. En aquarium, elle accepte facilement toutes les nourritures usuelles et ne pose pas de problème particulier.

Heniochus varius

Étendard noir, cocher noir

Chaetodontidae 18022

Difficulté

Jusqu'à 19 cm.	600 l.
Pacifique ouest, vers l'est jusqu'aux îles de la Société.	Les cornes supra-oculaires des mâles seraient plus fortes.
Non.	Artémias, mysis, crevettes, néréis, chair de moules, granulés, algues séchées.
Pacifique sauf avec les membres de son espèce.	Inconnue en aquarium.

Les couleurs de cette espèce ne sont certes pas spectaculaires mais elle les porte avec grande élégance. De plus, sa forme générale et son profil cornu lui donnent beaucoup de caractère.

Ces cornes n'existent pas chez le juvénile ; elles apparaissent à mesure qu'il grandit et que sa bannière régresse. Dans la nature, l'étendard noir aime se tenir à l'abri des surplombs et des cavernes mais il n'est pas farouche. Il se nourrit de toutes sortes de petits invertébrés benthiques, polypes de coraux compris, et accepte sans difficulté ce qu'on lui propose en aquarium.

Prognathodes aculeatus

Papillon miel

18023 Chaetodontidae

Difficulté

Jusqu'à 10 cm.	120 l.
Caraïbes, de la Floride au Venezuela.	Aucun
Non.	Artémias, mysis, chair de moule, larves de moustique, aliments secs, épinards, algues, etc.
Pacifique sauf avec les membres de son espèce.	Inconnue en aquarium.

Le papillon miel est peu connu et encore rare sur le marché. Ses couleurs ne sont certes pas très spectaculaires mais il a beaucoup de charme. De plus, sa taille réduite le destine aux bacs de volume modeste. Son principal défaut est une relative timidité. On l'acclimatera donc seul dans un aquarium pourvu de roches vivantes de qualité qu'il explorera et picorera comme il le fait dans la nature à la recherche de petits invertébrés. Son régime alimentaire assez opportuniste lui permet d'accepter rapidement ce qu'on lui propose, y compris flocons et granulés. On veillera par la suite à ce qu'il ne souffre d'aucune concurrence alimentaire et à ne pas le mettre en compagnie d'échinodermes : il adore leurs pédicellaires.

Cirrhitichthys falco

Épervier nain à joue épineuse

Cirrhitidae 19001

Difficulté

Jusqu'à 7 cm.	96 l.
Des Maldives aux îles Caroline et Samoa, des Ryukyu à la Nouvelle-Calédonie.	Aucun.
Bonne sauf avec les petites crevettes.	Artémias, mysis, chair de poisson et de crustacé, etc.
Sociable.	Inconnue en aquarium.

Les éperviers montent la garde sur un promontoire duquel ils identifient et localisent les proies qu'ils saisissent ensuite de manière fulgurante. Également appelés poissons-faucons, ils sont curieux et dotés d'un regard vif et mobile, leur observation est passionnante.

Cirrhitichthys falco est une petite espèce, son agressivité intraspécifique est faible, les relations interspécifiques sont excellentes. Moins glouton que ses congénères, il constitue néanmoins un sérieux concurrent alimentaire pour les microphages et doit être introduit en dernier dans un aquarium de poissons calmes. Dans la nature, il se tient généralement à l'affût à la base des colonies coralliennes où il se réfugie en cas de danger ; en aquarium, on veillera à lui procurer un grand nombre d'abris. C'est un poisson que l'on peut introduire en bac récifal mais il s'attaque à tous les crustacés de taille modeste.

Cirrhitichthys oxycephalus

Épervier lutin

19002 Cirrhitidae

Difficulté

Jusqu'à 9 cm.	96 l.
De la mer Rouge et l'Afrique du Sud à Panama, du sud du Japon à la Nouvelle-Calédonie.	Aucun.
Oui, sauf pour les petites crevettes.	Artémias, mysis, chair de poisson et de crustacé, etc.
Assez agressif.	Inconnue en aquarium.

Ne pas confondre avec *C. guinechoti* (Maurice et la Réunion), au museau plus long, et avec *C. bleekeri* (Inde et Sri Lanka) aux taches plus claires et moins contrastées. Son agressivité envers les autres poissons-faucons est avérée alors que son comportement interspécifique hors de sa famille varie d'un individu à l'autre. *Cirrhitichthys oxycephalus* sera plutôt associé à des poissons plus grands et robustes, il doit être introduit en dernier dans un aquarium de poissons calmes. En aquarium récifal, l'épervier lutin cohabite sans problème avec les coraux mais compte tenu de son régime alimentaire, il faut en exclure les petits crustacés.

Neocirrhites armatus

Poisson-faucon flamme

Cirrhitidae 19003

Difficulté

Jusqu'à 9 cm.	96 l.
Des Philippines et de la Grande Barrière de Corail aux îles Samoa, des Ryukyu à la Nouvelle-Calédonie.	Aucun.
Peu recommandé.	Artémias, mysis, chair de poisson et de crustacé, etc.
Assez agressif.	Inconnue en aquarium.

Dans la nature, *Neocirrhites armatus* vit dans les zones peu profondes, il est inféodé aux colonies de *Stylophora* et *Pocillopora*, au sein desquelles il se réfugie en cas de danger. En aquarium, il trouve parfois abri et protection sous les tentacules urticants d'une grande anémone symbiotique comme *Heteractis magnifica*. Il souffre facilement de la concurrence alimentaire de poissons plus grands et doit être introduit dans un aquarium d'espèces calmes. Il ne faut toutefois pas se fier à son allure comique car il peut se montrer agressif envers de petits poissons benthiques et dévorer de nombreux invertébrés vagiles, en particulier les vers tubicoles, les crevettes, les ermites et les escargots.

La famille des Cirrhitidés tire son nom des cirrhes, petites épines caractéristiques que l'on peut apercevoir sur le bout des rayons de la nageoire dorsale.
Elles ont la mauvaise habitude de se prendre dans les mailles des épuisettes.

Oxycirrhites typus

Poisson-faucon à long nez, bécasse

19004 Cirrhitidae

Difficulté

Jusqu'à 13 cm.	240 l.
De la mer Rouge à Panama, du sud du Japon aux îles Hawaii et la Nouvelle-Calédonie.	Aucun.
Oui, sauf pour les petites crevettes.	Crustacés principalement ; artémias, mysis, chair de poisson et de crustacé, etc.
Très agressif envers ses congénères, sauf avec le sexe opposé dans un grand bac.	Quelques pontes ont été observées.

Oxycirrhites typus est un poisson relativement rare dans la nature qu'il convient de n'acquérir qu'en connaissance de cause.

Oxycirrhites typus est un excellent sauteur doublé d'un roi de l'évasion. L'aquarium doit donc être fermé en conséquence et il en sera de même pour les autres poissons-faucons.

Dans la nature, il vit en eaux assez profondes dans les gorgones et les colonies de corail noir, au sein desquelles il se dissimule en cas d'alerte. *O. typus* se tient souvent en appui sur ses nageoires pectorales, à l'affût sur un observatoire. Malgré son museau pointu, il est capable d'engloutir des petits crustacés et poissons. Par ailleurs, les relations interspécifiques sont bonnes mais il semble craindre les autres poissons-faucons. Lors de l'acclimatation il préférera les proies vivantes (artémias), puis prendra tous les aliments usuels, vers de vase compris. Se montre généralement familier en captivité.

Paracirrhites arcatus

Épervier strié

Cirrhitidae 19005

Difficulté

Jusqu'à 14 cm.	240 l.
De l'Afrique de l'Est aux îles Gambier et Hawaii, du sud du Japon aux îles Norfolk et Rapa.	Aucun.
Peu recommandé.	Artémias, krill, mysis, chair de poisson et de crustacé, etc.
Agressif envers ses congénères.	Inconnue en aquarium.

Dans la nature, *Paracirrhites arcatus* chasse les crustacés dont il se nourrit en se tenant à l'affût, perché sur une colonie de *Stylophora*, de *Pocillopora* ou d'*Acropora*.

L'agressivité intraspécifique est forte mais plus modérée que chez *P. fosteri*. Maintenir donc un seul individu par bac et éviter également la cohabitation avec les autres poissons-faucons. L'épervier strié sera plutôt associé à des animaux plus grands et robustes : il dévore les crevettes et les petits poissons. Les espèces *Paracirrhites bicolor*, *P. nisus* et *P. xanthus* sont similaires.

Paracirrhites forsteri

Poisson-faucon à taches de rousseur

19006 Cirrhitidae

Difficulté

Jusqu'à 20 cm.	450 l.
De la mer Rouge aux îles d'Hawaii, Marquises et Ducie, du sud du Japon aux îles Australes et Lord Howe..	Aucun.
Peu recommandé.	Chair de poisson, artémias, mysis et de chair de crustacés etc.
Agressif.	Inconnue en aquarium.

Dans la nature, *Paracirrhites fosteri* est inféodé aux colonies de *Stylophora*, *Pocillopora* et *Acropora*. C'est un piscivore vorace qui dévore petits poissons et crevettes : il sera tenu à l'écart des communautés de poissons calmes et associé à des espèces plus grandes et robustes qui sauront faire face à son agressivité. Les relations intraspécifiques sont déplorables : maintenir un seul individu. Il se montre également agressif envers les autres poissons-faucons. L'acclimatation est aisée, il accepte sans difficulté tous les petits crustacés ; par la suite, toutes les nourritures usuelles lui conviendront.

Taeniura lymma

Pastenague à taches bleues

Dasyatidae 20001

Difficulté

Jusqu'à 240 cm, dont 95 cm pour le corps.

De la mer Rouge aux îles Fidji, du sud du Japon à la Grande Barrière de Corail.

Non.

Prédateur.

2000 l.

Aucun.

Proies carnées : crevettes, chair de poisson, moules, néréis, etc.

Inconnue en aquarium.

Comme toutes les pastenagues, *Taeniura lymma* possède un aiguillon venimeux situé à la base de la queue. C'est un poisson à manipuler avec précaution : les piqûres sont extrêmement douloureuses.

Taeniura lymma n'est pas un poisson d'ornement pour les particuliers. Sa taille adulte et la difficulté de son acclimatation nécessitent une très grande expérience et une cuve gigantesque. Cette raie a besoin d'une vaste zone d'eau libre où elle pourra nager, et d'une épaisse couche de sable où elle pourra s'enfouir. Un décor rocheux est inutile, voire dangereux, à l'exception d'un surplomb servant de cachette. L'acclimatation est parfois délicate, *T. lymma* prend sa nourriture uniquement sur le fond et c'est un animal assez lent, qui craint la concurrence alimentaire. On évite de le faire cohabiter avec des balistes, qui mordent parfois ses yeux ou sa queue dépassant du sable. C'est un prédateur de crustacés et de petits poissons.

Cyclichthys spilostylus

Poisson porc-épic à taches jaunes

21001 **Diodontidae**

Difficulté

Jusqu'à 34 cm.	600 l.
De la mer Rouge et du golfe d'Oman à l'Indonésie et aux Philippines.	Aucun.
Non.	Crabes, crevettes, oursins ou moules entiers, chair de poisson, encornet, etc.
Sociable sauf avec ses congénères.	Inconnue en aquarium.

Les poissons porc-épic ont la faculté de se gonfler d'eau pour impressionner leur vis-à-vis en cas de menace. Il ne faut pas provoquer cette réaction en captivité car ils pourraient ingérer de l'air. Ainsi, la capture au filet n'est pas conseillée et on préfèrera utiliser une boîte.

Cyclichthys spilostylus est une espèce nocturne que l'on rencontre dans les herbiers de phanérogames où il se nourrit d'oursins et de mollusques. Il déterre parfois les animaux enfouis grâce à une projection d'eau. Il faut lui fournir régulièrement des proies dans leur carapace ou leur coquille de sorte qu'il érode ses plaques dentaires. Malgré son apparence robuste, il s'agit d'un poisson sensible à la concurrence alimentaire qu'il faut éviter d'associer à des hôtes agressifs et voraces. L'agressivité intraspécifique peut être forte mais il ignorera les autres habitants de l'aquarium.

Diodon holocanthus

Poisson porc-épic à taches

Diodontidae 21002

Difficulté

Jusqu'à 50 cm mais généralement moins de 30 cm en captivité.	1000 l.
Presque circumtropicale.	Aucun.
Non.	Crabes, crevettes, moules ou oursins entiers, chair de poisson, encornet, etc.
Sociable sauf avec ses congénères.	Inconnue en aquarium.

Diodon holocanthus est une espèce crépusculaire que l'on rencontre dans les herbiers de phanérogames et les massifs coralliens. Piètre nageur, il apprécie un aquarium peu brassé et modérément illuminé. Il est souvent importuné par les balistes qui cherchent à s'attaquer aux yeux, les poissons-cochers et les nettoyeurs, qui s'en prennent aux taches. Les relations intra-spécifiques sont basées sur une hiérarchie sévère, les autres espèces sont généralement ignorées, attention toutefois, c'est un prédateur opportuniste de petits poissons. *D. holocanthus* mange pratiquement tous les invertébrés : crustacés, oursins, mollusques et même coraux. Il devient rapidement familier avec son soigneur : attention aux morsures !

Les poissons porc-épic sont sensibles aux vers intestinaux et il peut être utile de les vermifuger à l'acclimatation. La quarantaine est doublement obligatoire pour ces animaux sensibles à *Cryptocation irritans*, en particulier au niveau des yeux.

Platax pinnatus

Poisson chauve-souris à nageoires jaunes

22001 Ephippidae

Difficulté

Un mâle et deux femelles de *Platax orbicularis* maintenus depuis 10 ans ont pondu plusieurs fois à l'aquarium de Canet-en-Roussillon (France). Après plusieurs jours de parade nuptiale, l'accouplement a lieu au crépuscule. Le mâle provoque l'expulsion des ovules d'une pression de la bouche sur l'abdomen de la femelle et libère sa semence. Les œufs pélagiques de 2 pontes ont été prélevés. Après éclosion et résorption du sac vitellin, les larves ont été nourries de protozoaires ciliés, puis de rotifères (ces deux aliments ont été enrichis de spiruline, levure et vitamines), puis de nauplies d'artémias et, enfin, d'artémias congelés. (Masanet, 1994) Il est vraisemblable que la reproduction de *P. pinnatus* soit également possible et peu différente.

45 cm.

De l'ouest du Pacifique aux îles Salomon, des Ryukyu à la Grande Barrière de Corail.

Non.

Sociable. Peut être maintenu en groupe.

2000 l.

Aucun.

Artémias, vers de vase, chair de poisson et de crevette, complément végétal : algues, salade, etc.

Voir encadré.

On ne reste pas insensible à l'extraordinaire beauté des juvéniles de *Platax pinnatus* mais les adultes sont nettement moins attirants : les hautes nageoires et le liseré rouge disparaissent. L'acclimatation s'avère extrêmement délicate, les jeunes s'alimentent mal mais, passé ce stade, les poissons chauves-souris acceptent toutes les nourritures et se montrent peu farouches. Ils dévorent de nombreux invertébrés sessiles, ce qui interdit leur introduction en bac récifal. Ils ont besoin d'un aquarium profond, peu illuminé, et occupé par des voisins calmes. Les autres membres du genre (*P. teira*, *P. orbicularis*, *P. batavianus*, *P. boersii*) ont une maintenance similaire et, comme *P. pinnatus*, sont déconseillés pour l'aquarium du particulier.

Amblyeleotris randalli

Gobie de Randall

Gobiidae 23001

Difficulté

9 cm.	96 l.
Des Moluques aux îles Fidji, des Ryukyu à la Grande Barrière de Corail.	Papille génitale plus fine chez le mâle.
Oui.	Artémias, mysis, vers de vase, etc. enrichis.
Sociable.	Ponte observée en aquarium.

Les gobies du genre *Amblyeleotris* vivent seuls ou en couples en association avec une ou deux crevettes-pistolets (genre *Alpheus*) dans un terrier creusé dans le sable. Le crustacé entretient le logis gardé par le poisson. *A. randalli* est probablement l'espèce la plus colorée du genre, elle arbore un ocelle spectaculaire. L'acclimatation est parfois délicate, les sujets s'alimentant ensuite sans problème. Les relations intra- et interspécifiques sont généralement pacifiques, la cohabitation avec les invertébrés est bonne, bien que le gobie de Randall constitue une menace pour les crevettes de petite taille.

Amblygobius rainfordi

Gobie de Rainford

23002 Gobiidae

Difficulté

L'acclimatation d'*Amblygobius rainfordi* est difficile et, même s'il mange, il dépérit parfois, semblant présenter une carence. Une maintenance dans un aquarium d'invertébrés mature est le meilleur gage de succès.

6,5 cm.	96 l.
Des Philippines aux îles Marshall, à la mer de Corail et à la Grande Barrière de Corail.	Papille génitale plus fine chez le mâle.
Excellente.	Artémias, mysis, vers de vase, etc. enrichis et nori, spiruline, épinards, etc.
Sociable.	Inconnue en aquarium.

Les gobies du genre *Amblygobius* ne sont pas associés à des crevettes bien qu'ils creusent des terriers dans le sable. *A. rainfordi* constitue une exception, puisqu'il ne se creuse pas d'abri. De plus cette espèce, outre de petites proies animales, consomme des algues filamenteuses et contribue à leur contrôle dans l'aquarium. Il est d'ailleurs préférable de les maintenir dans une cuve ancienne et pourvue d'un riche couvert végétal. Les relations intra- et interspécifiques sont pacifiques, éviter les poissons-faucons et les pseudochromes susceptibles de harceler les petites espèces benthiques.

Cryptocentrus cinctus

Gobie jaune

Gobiidae 23003

Difficulté

Jusqu'à 7 cm.	96 l.
De la mer d'Andaman à l'est des îles Caroline, des Yaeyama à la Grande Barrière de Corail.	Papille génitale plus fine chez le mâle.
Excellente.	Artémias, mysis, vers de vase, etc. enrichis.
Agressif envers les autres gobies symbiotiques.	Reproduction réalisée en captivité.

Le genre *Cryptocentrus* s'associe avec des crevettes-pistolets dans des terriers du lit de sable (voir *Amblyeleotris randalli*). La couleur de *C. cinctus* est variable : il existe une phase uniformément jaune et une autre grise à rayures blanches. Il faut lui fournir une étendue de sable grossier avec des pierres plates sous lesquelles il va aménager son tunnel. L'association avec les crevettes-pistolets est très favorable à une maintenance réussie. C'est un animal agressif envers les membres de son espèce ou d'espèces proches, garder un seul spécimen par aquarium à moins d'introduire un couple. Il constitue également une menace pour les petites crevettes mais craint les poissons et crustacés benthiques de grande taille. Il est essentiel de couvrir son aquarium pour éviter qu'il ne saute.

La ponte se déroule dans un abri (coquille, pot de fleurs retourné, tuyau PVC, etc). La pelote, ventilée par le mâle, peut comporter plus de 1000 œufs. Les jeunes sont nourris de rotifères enrichis 6 à 8 fois par jour puis de nauplies d'artémias.

Les crevettes-pistolets vivant en symbiose avec les *Cryptocentrus* et autres Gobidés gardent un contact permanent avec leur poisson grâce à une de leurs antennes.

Gobiodon citrinus

Gobiodon citron

23004 Gobiidae

Difficulté

De nombreux *Gobiodon*, parmi lesquels *G. citrinus*, sont hermaphrodites réciproques, c'est-à-dire qu'ils peuvent changer de sexe dans les deux sens. Si on se procure deux individus du même sexe, le plus grand sera généralement le mâle et le plus petit la femelle, avec ou sans changement de sexe. Les couples formés sont monogames.

Reproduction

Pontes entre 300 et 1000 œufs, larves élevées aux rotifères puis aux nauplies d'artémias après le 25e jour. La métamorphose intervient au 33e jour puis, au 40e jour, la couleur jaune apparaît. Les taux de survie tournent autour des 50 %.

6 cm.

De la mer Rouge aux îles Samoa, du sud du Japon à la Grande Barrière de Corail.

Excellente.

Agressif envers ses congénères.

96 l.

La femelle est légèrement plus pâle que le mâle.

Artémias, mysis, etc. enrichis.

Déjà réalisée en aquarium.

Comme les poissons-clowns avec leurs anémones symbiotiques, les gobiodons s'associent avec des coraux spécifiques (*Acropora* pour *G. citrinus*). Ils acceptent cependant des colonies de substitution variées, comme d'autres coraux durs ou même des coraux mous, et tolèrent la captivité sans aucun hôte. Lors du frai, ils dévorent des polypes coralliens mais ne causent pas de dommages irréversibles à leur hôte. Malgré une certaine agressivité intraspécifique, ils forment facilement des couples. Les relations interspécifiques sont pacifiques bien qu'ils défendent âprement leur corail face aux autres poissons. Ils sont sensibles à la concurrence alimentaire et seront plutôt associés à des voisins calmes. Il faut s'assurer de la prise de nourriture lors des distributions. Les *Gobiodon* produisent un mucus qui dissuade leurs prédateurs.

Gobiodon okinawae

Gobiodon jaune

Gobiidae 23005

Difficulté

3,5 cm.

De l'Indonésie aux îles Marshall, du sud du Japon à la Grande Barrière de Corail.

Excellente.

Assez sociable.

96 l.

Outre une papille génitale plus large, la femelle est plus pâle.

Artémias, mysis, etc. enrichis.

Reproduction réussie en aquarium (idem *G. citrinus*).

Un des poissons coralliens les plus petits et les plus fascinants pour l'aquarium, *Gobiodon okinawae* forme rapidement un couple et fraie régulièrement si on lui procure un environnement proche des conditions naturelles : colonie de corail branchu à petits polypes du genre *Acropora*. À cette occasion, il mange des polypes mais ne nuit pas gravement à son hôte. L'agressivité envers ses congénères ne se manifeste que dans de petits bacs. Il est sensible à la concurrence alimentaire et sera plutôt associé à des poissons et des crustacés calmes. Il faut s'assurer de la prise de nourriture lors des distributions.

Avec des pontes faciles à obtenir et un élevage tout à fait gérable, les *Gobiodon* sont de bon candidats d'élevage après les Pomacentridés (clowns et demoiselles).

Gobiosoma oceanops

Gobie néon

23006 Gobiidae

Difficulté

5 cm.	Aucun.
Du sud de la Floride au Honduras britannique.	Artémias, mysis, etc. enrichis.
Excellente.	Pond sur les roches ou même les glaces. Les larves s'élèvent aux rotifères puis aux nauplies d'artémias. Au 25e jour, elles se colorent en noir, puis développent leur ligne bleue.
Sociable et peu farouche.	
96 l.	

Gobiosoma oceanops est un petit poisson nettoyeur de l'Atlantique tropical, c'est un as du déparasitage. Ses prestations contribuent à éliminer les kystes de *Crytocarion irritans,* voire les excroissances virales de *Lymphocystis*, un pathogène sans remède connu. C'est un bon sujet pour tenter une première reproduction en eau de mer. Les couples pondent dans des anfractuosités ou des coquilles vides et défendent âprement leur progéniture. On nourrit les larves de protozoaires, puis de rotifères et enfin de nauplies d'artémias. Dans la nature, le gobie néon se nourrit exclusivement des parasites des poissons qu'il nettoie. En aquarium, ce régime sera complété de petites proies congelées. Ce poisson craint la concurrence alimentaire.

Valenciennea strigata

Gobie à raie bleue

Gobiidae 23007

Difficulté

Jusqu'à 18 cm.	240 l.
Sud de la mer Rouge, de l'Afrique de l'Est aux Marquises, des îles Ryukyu à l'île Lord Howe.	Les premiers rayons de la nageoire dorsale sont plus longs chez les mâles.
Excellente.	Artémias, mysis, vers de vase, etc. enrichis.
Agressif envers les membres de son espèce, sauf le conjoint, et des espèces proches.	Inconnue en aquarium.

Les *Valenciennea* vivent en couple dans des galeries qu'ils creusent dans le sable, en aquarium ils aèrent ainsi efficacement le substrat. Ils se nourrissent de la faune interstitielle mais ont malheureusement du mal à trouver assez de nourriture dans l'aquarium et ils causent souvent un appauvrissement de la microfaune du sol. Il est souhaitable de les maintenir sur un épais lit de sable grossier vivant et dans une cuve connectée à un refuge. Ils craignent la concurrence alimentaire et il faut s'assurer de la prise de nourriture lors des distributions. *V. strigata* doit être maintenu en couple, l'espèce ne semble pas supporter la solitude.

Gramma loreto

Serran nain royal

24001 Grammatidae

Difficulté

Les serrans nains sont des poissons inféodés aux substrats durs. Ils nagent le ventre contre la roche et se réfugient dans les anfractuosités à la moindre menace. Il est important de construire un décor rocheux riche en cachettes dans leur aquarium, de préférence modérément éclairé.

L'espèce se différencie de *Gramma brasiliensis* par une ligne diagonale foncée sur l'œil.

8 cm.

Des Bermudes et de l'Amérique Centrale au Venezuela.

Excellente sauf avec les petites crevettes (ex. *Periclimenes*).

Sociable.

96 l.

Aucun.

Artémias, mysis, chair de poisson, etc. enrichis.

Pond en captivité.

Gramma loreto s'acclimate facilement à la captivité et pond si on a constitué un harem. Pour ce faire, on associe généralement un gros spécimen, supposé être un mâle, à quelques individus plus petits dans une cuve de 450 litres ou plus. Les individus constituent des territoires adjacents et chacun défend sa cachette de prédilection, ils ne se rencontrent que pour la reproduction. Le couple nettoie une grotte dans laquelle il construit un nid d'algues et dont il obstrue l'entrée par une accumulation de cailloux. Le mâle pratique l'incubation buccale et les larves se nourrissent ensuite de rotifères puis de nauplies. Après 30 jours, les jeunes se sont métamorphosés et présentent la coloration des adultes.

Gramma melacara

Serran nain à casquette noire

Grammatidae 24002

Difficulté

10 cm.	96 l.
Des Bahamas, de la Jamaïque et des îles Caïmans jusqu'à l'Amérique Centrale et le sud de la Caraïbe.	Aucun.
Excellente.	Artémias, mysis, chair de poisson, etc. enrichis.
Sociable mais territorial.	Réalisée en aquarium.

Gramma melacara s'acclimate aisément à la captivité en présence de voisins calmes car il est sensible à la concurrence alimentaire. On peut faciliter son nourrissage en utilisant une pipette ou un tube qui distribue de petites proies dans la cachette qu'il occupe. Une fois acclimaté, il est plus agressif que l'espèce apparentée *G. loreto* mais on peut le maintenir en groupe dans les grandes cuves pourvues de nombreuses cachettes. C'est un poisson particulièrement recommandé pour l'aquarium récifal profond, peuplé d'anthozoaires non symbiotiques de zooxanthelles, bien qu'il constitue une menace pour les petites crevettes.

Reproduction

Ponte dans un trou tapissé d'algues. Incubation buccale paternelle. Les larves sont nourries de rotifères puis de nauplies d'artémias à partir du 10e jour. La métamorphose intervient entre le 21e et le 31e jour.

Grammistes sexlineatus

Poisson-savon à six lignes

Serranidae
24003 anc. Grammistidae

Difficulté

Jusqu'à 30 cm.	450 l.
De la mer Rouge aux Marquises, du sud du Japon à la Nouvelle-Calédonie.	Aucun.
Non.	Chair de poisson et de crustacés, etc.
Très vorace.	Inconnue en aquarium.

Les poissons-savons sécrètent un mucus toxique, contenant de la grammistine, lorsqu'ils sont menacés et peuvent ainsi empoisonner tous leurs voisins dans l'aquarium. On jettera impérativement leur eau de transport et l'on préférera les maintenir dans une cuve spécifique ou du moins de très grand volume afin de diluer le poison.

Grammistes sexlineatus est un poisson crépusculaire qui apprécie les cachettes. La cohabitation avec les petits animaux est très aléatoire, c'est un prédateur vorace qui avale tout poisson ou crustacé qu'il peut avaler, y compris les membres de son espèce ! Pourtant, dans un bac volumineux, il est peu agressif, même envers ses congénères, dès lors qu'il s'agit d'animaux de grande taille. La livrée est variable, le nombre de lignes n'est pas fixe et, chez les grands spécimens, elles se transforment en rangées de pointillés.

Pogonoperca punctata

Poisson-savon moucheté

Serranidae
anc. Grammistidae 24004

Difficulté

Jusqu'à 35 cm.	600 l.
Des Comores aux Marquises, du sud du Japon à la Nouvelle-Calédonie.	Aucun.
Non.	Chair de poisson et de crustacés, etc.
Très vorace.	Inconnue en aquarium.

Pogonoperca punctata est un prédateur opportuniste, bien qu'il ne soit pas particulièrement agressif, il est extrêmement vorace et engloutit tout poisson ou crustacé qu'il peut avaler. Une association avec de grands mérous et d'autres poissons-savons est envisageable. *Pogonoperca punctata* est timide pendant l'acclimatation mais devient vite familier. Il est relativement peu commun dans la nature où il occupe les eaux profondes des pentes externes, il appréciera un aquarium modérément éclairé. Le barbillon très développé est caractéristique de l'espèce.

Anisotremus virginicus

Lippu rondeau

25001 Haemulidae

Difficulté

Les Hémulidés, couramment appelés lippus, gorettes ou encore grogneurs, produisent des sons à l'aide de leur vessie natatoire et de leurs dents.

Jusqu'à 40 cm.	1000 l.
De la Floride au Brésil.	Aucun.
Non.	Chair de poisson, crevette, moule, encornets, etc. frais ou congelés, paillettes, granulés.
Timide.	Inconnue en aquarium.

Les jeunes *Anisotremus virginicus*, ont une livrée différente de celle des adultes : ils portent deux bandes horizontales sur les flancs et une tache noire sur la queue ; ce sont des nettoyeurs timides. Les adultes sont davantage prisés pour leurs qualités culinaires que pour leur intérêt aquariophile ! Ce sont des poissons nocturnes qui s'abritent sous un surplomb pendant la journée et partent à la recherche de proies enfouies dans le sable à la nuit tombée. Ils dévorent de nombreux invertébrés vagiles (crustacés, escargots, vers, échinodermes) et doivent donc être exclus des bacs récifaux. Les jeunes peuvent être maintenus en groupe. *A. virginicus* est coutumier de joutes rituelles mais sans conséquences, où deux individus se font face la bouche ouverte. Dans une cuve de poissons agressifs, c'est l'espèce à introduire en premier.

Myripristis vittata

Poisson-soldat bordé de blanc

Holocentridae 26001

Difficulté

20 cm.	300 l.
De l'Afrique de l'Est aux Marquises, du sud du Japon à la Nouvelle-Calédonie.	Aucun.
Excellente.	Artémias, mysis, chair de poisson, etc.
Calme.	Inconnue en aquarium pour cette espèce.

Les poissons-soldats sont des carnivores nocturnes caractérisés par leurs grands yeux. Dans la nature, ils dévorent toutes sortes de petites crevettes et de petits poissons, en aquarium ils constituent donc une menace pour ces animaux. Ils apprécient les bacs peu éclairés et doivent disposer de nombreuses cachettes en marge d'un grand espace libre pour la nage. *Myripristis vittata* a des yeux encore plus grands que les autres espèces du genre ; il est d'autant plus sensible à la lumière. En revanche, son adaptation à la captivité est facile, c'est un poisson grégaire à maintenir en groupe.

Les yeux des poissons-soldats sont fragiles. Ils devraient être capturés dans des boîtes et non des filets. Il faut veiller à l'état de leur cornée lors de leur acquisition.

La ponte de *M. murdjan* a été obtenue en aquarium. La parade débute près du sol puis mâle et femelle se dirigent simultanément vers la surface, arrivés là, ils se séparent d'un coup de queue et émettent leurs gamètes. Les œufs flottent à la surface

Anampses meleagrides

Labre à queue jaune

27001 **Labridae**

Difficulté

Les mâles et les femelles d'*Anampses* spp. diffèrent tellement qu'on les a longtemps considérés comme espèces distinctes. Ce sont des hermaphrodites protogynes : lorsqu'on associe plusieurs femelles, l'une peut se transformer en mâle. Ils possèdent une seule paire de dents aplaties et proéminentes sur chaque mâchoire, ils s'en servent pour racler la roche et les coraux à la recherche de leur nourriture.

22 cm.	450 l.
De la mer Rouge aux îles Tuamotu, du sud du Japon à l'ouest de l'Australie.	Femelle avec une queue jaune et des ocelles bleutés sur la dorsale et l'anale. Mâle plus clair avec une marge bleue sur les écailles et les nageoires impaires.
Non.	Artémias, mysis, vers de vase, etc. enrichis.
Peu agressif.	Inconnue en aquarium.

La plupart des espèces du genre supportent mal l'importation et sont très malcommodes à acclimater. La nourriture vivante (vers de vase, artémias, etc.) est souvent indispensable à leur adaptation, qui n'est vraiment possible que dans un bac particulièrement riche en microfaune. Ces labres sont difficiles à nourrir en aquarium et craignent la concurrence alimentaire. Ils s'attaquent rarement aux invertébrés d'ornement, sauf parfois aux vers tubicoles, aux crustacés et aux bénitiers. Ne pas associer plusieurs mâles. Les femelles cohabitent seules ou au sein d'un harem. Les *Anampses* doivent disposer d'une épaisse couche de sable où s'enfouir. Ils sautent volontiers hors des cuves ouvertes.

Bodianus anthioides

Caudène, vieille à queue de lyre

Labridae 27002

Difficulté

21 cm.	450 l.
De la mer Rouge aux îles Tuamotu, du sud du Japon à la Nouvelle-Calédonie.	Aucun.
Non.	Chair de poisson, crevette, moule, encornets, etc. frais ou congelés, paillettes, granulés.
L'un des *Bodianus* les moins agressifs.	Inconnue en aquarium.

Les *Bodianus* sont généralement des hôtes acceptant facilement la captivité. Les juvéniles sont plus sensibles à la concurrence alimentaire et nécessitent des voisins calmes et de nombreuses cachettes.

Bodianus anthioides a l'habitude de découvrir les proies enfouies en soufflant de l'eau sur le sable. Il lui faut un grand espace ouvert où il peut nager librement et un décor comportant de nombreux abris où il se réfugie lorsqu'il est au repos. L'agressivité intraspécifique est assez grande : il est préférable de ne maintenir qu'un seul individu ou d'introduire des spécimens de taille semblable. Les juvéniles peuvent être gardés en aquarium récifal mais en grandissant, ils deviennent dangereux pour les vers, les crustacés, les escargots, les bivalves ainsi que les coraux dont ils mangent les polypes.

Bodianus bilunulatus

Vieille à selle noire, à ceinture noire

27003 Labridae

Difficulté

Juvénile

Jusqu'à 55 cm.

De l'Afrique de l'Est aux îles Marquises, jusqu'au sud du Japon, l'ouest de l'Australie et la Nouvelle-Calédonie.

Non.

Grand poisson peu agressif.

2000 l.

Aucun.

Chair de poisson, crevette, moule, encornets, etc. frais ou congelés, paillettes, granulés.

Inconnue en aquarium.

Les juvéniles de *B. bilunulatus* sont clairs et portent à l'arrière du corps une bande transversale (ceinture) noire. Les adultes deviennent brun-rouge foncé avec une tache (selle) noire sur l'arrière du dos et des joues blanches. La vieille à selle noire est un animal sans problème. Il a besoin de cachettes nombreuses mais aussi de beaucoup d'espace car il s'agit d'un (très) grand poisson actif : à réserver impérativement aux grandes cuves de poissons seuls. Pendant l'acclimatation, il accepte facilement les proies vivantes puis toutes les nourritures habituelles. Les juvéniles peuvent être maintenus en aquarium récifal, mais cette option est à éviter eu égard à la taille et au régime alimentaire des adultes (mollusques, crabes, oursins...).

Bodianus bimaculatus

Labre à opercule taché

Labridae 27004

Difficulté

10 cm.	96 l.
De l'île Maurice et des Maldives jusqu'à la Papouasie-Nouvelle-Guinée, jusqu'au sud du Japon.	Aucun.
Oui.	Chair de poisson, crevette, moule, encornets, etc. frais ou congelés, paillettes, granulés.
Peu agressif.	Inconnue en aquarium.

Les juvéniles sont sensibles à la concurrence alimentaire et nécessitent des voisins peu agressifs et de nombreuses cachettes. Les adultes sont plus actifs et risquent d'importuner des voisins particulièrement calmes, comme la plupart des microphages. *B. bimaculatus* ne tolère ses congénères que dans un grand bac, où tous les poissons sont introduits ensemble. C'est une des seules espèces du genre compatibles avec les invertébrés. *B. bimaculatus* occupe les eaux profondes des pentes externes escarpées et préfère les aquariums modérément éclairés : un bac reproduisant l'irradiation à la surface du récif lui convient mal.

La plupart des *Bodianus* adultes ne sont pas les bienvenus dans un aquarium récifal car ils y consomment les invertébrés d'ornement. Cette triste règle souffre heureusement quelques exceptions : *Bodianus bimaculatus*, assez fréquent à la vente. *B. opercularis* et une espèce pacifique apparentée non encore décrite, plus rares, sont compatibles avec les hôtes de l'aquarium récifal... hors des périodes de mue des crustacés !

Bodianus pulchellus

Pourceau à tache dorsale, capitaine rouge

27005 Labridae

Difficulté

De nombreux juvéniles de *Bodianus* ont une activité de nettoyeur. En captivité, il ne faut pas confondre cette attitude facultative avec une manœuvre d'agressivité. Elle n'apporte qu'une source accessoire de nourriture, au contraire de certains nettoyeurs obligatoires comme *Labroides* spp.

15 cm.	240 l.
Du sud de la Floride au Sud du Brésil.	Aucun.
Non.	Chair de poisson, crevette, moule, encornets, etc. frais ou congelés, paillettes, granulés.
Peu agressif. Peu farouche dans la nature.	Inconnue en aquarium.

Facile à acclimater et actif notamment le jour, *B.pulchellus* nécessite un vaste espace libre pour ses évolutions de nombreuses cachettes. Il est agressif envers ses congénères mais tolère très bien les autres poissons y compris les autres espèces du genre. Très vorace, il prend goulûment toutes les nourritures animales. Les juvéniles peuvent être maintenus en aquarium récifal, mais ils deviennent vite dangereux pour les vers, les crustacés, les escargots et les bivalves. Les juvéniles de *Bodianus pulchellus* forment parfois des bancs mixtes avec *Thalassoma bifasciatum,* ils pratiquent souvent le déparasitage des poissons de grande taille.

Bodianus rufus

Labre espagnol, capitaine Caye

Labridae 27006

Difficulté

40 cm.		1000 l.
Du sud de la Floride au sud du Brésil.		Aucun.
Non.		Chair de poisson, crevette, moule, encornets, etc. frais ou congelés, paillettes, granulés.
Adultes assez agressifs.		Inconnue en aquarium.

Bodianus rufus se nourrit principalement de crustacés et d'échinodermes dans la nature, il est donc incompatible avec l'aquarium récifal. Les juvéniles pratiquent occasionnellement le déparasitage de poissons plus gros. Les adultes sont des prédateurs opportunistes susceptibles de se montrer agressifs en aquarium. Comme ils sont actifs et nagent longuement, il vaut mieux leur réserver une grande cuve à partager avec des poissons eux-mêmes de grande taille et capables de se défendre. De plus, chez cette espèce solitaire dans la nature, les relations intraspécifiques sont mauvaises en captivité : ne garder qu'un spécimen par bac. Hormis ces considérations comportementales, la maintenance est aisée, *B. rufus* prend voracement toutes les nourritures usuelles.

Les juvéniles de *Bodianus* spp. peuvent être maintenus en compagnie d'invertébrés. En revanche, la plupart des adultes ont un régime alimentaire trop étendu pour trouver une place en aquarium récifal ! Il faut en tenir compte dans son projet de peuplement.

Cheilinus lunulatus

Labre à franges

27007 Labridae

Difficulté

50 cm.

De la mer Rouge au golfe d'Oman.

Non.

Peu agressif.

2000 l.

Aucun.

Chair de poisson, crevette, moule, encornets, etc. frais ou congelés, paillettes, granulés.

Inconnue en aquarium.

Comptant parmi eux le labre-Napoléon qui peut dépasser 2 mètres et approcher 200 kg, les *Cheilinus* font valoir leur gabarit dépassant 25 centimètres après une période d'acclimatation empreinte de timidité. On gardera impérativement ces fortes têtes gourmandes pour un bac de poissons coralliens seuls. Leur introduction dans un aquarium récifal peut avoir un sens pendant la phase de démarrage, ils aideront à venir à bout des vers de feu et des squilles indésirables. *Cheilinus lunulatus* est un poisson pour les très grandes cuves peuplées de poissons modérément agressifs. Comportement en aquarium, maintenance et alimentation, voir *Cheilinus fasciatus*.

Cheilinus fasciatus

Vieille rayée, labre à poitrine rouge

Labridae 27008

Difficulté

- 38 cm.
- De l'Afrique de l'Est aux îles Tuamotu, des îles Ryukyu à la Nouvelle-Calédonie.
- Non.
- Plutôt craintif.
- 1000 l.
- Aucun.
- Chair de poisson, crevette, moule, encornets, etc. frais ou congelés, paillettes, granulés.
- Inconnue en aquarium.

Cheilinus fasciatus est plutôt calme malgré ce que sa taille et ses canines proéminentes pourraient laisser supposer. L'acclimatation des juvéniles est facile et rapide, celle des adultes est plus délicate. Inféodé au substrat, ce labre est un carnivore opportuniste, il mange les petits animaux vivant dans le sable et les éboulis coralliens, il est inoffensif pour les anthozoaires... mais tous les autres invertébrés sont les bienvenus à son menu ! À exclure des bacs récifaux. Il prend occasionnellement des algues et d'autres aliments végétaux de substitution. Il faut lui fournir de nombreuses cachettes dans une cuve spacieuse.

Cirrhilabrus cyanopleura

Labre nain à flanc bleu

27009 Labridae

Difficulté

Les labres des genres *Cirrhilabrus, Paracheilinus* et *Pseudocheilinus* ont la particularité de posséder une double cornée, cette adaptation fait de leur œil une véritable loupe, extrêmement utile dans la recherche des animalcules dont ils se nourrissent.

15 cm.

240 l.

De la mer d'Andaman à la Papouasie-Nouvelle-Guinée, jusqu'aux îles Izu et les Rowley Shoals.

Chez les mâles, les écailles du milieu du flanc sont ourlées de bleu.

Excellente.

Artémias, mysis, vers de vase, etc. enrichis. Plusieurs fois par jour.

Sociable.

Inconnue en aquarium.

Les *Cirrhilabrus* aiment le calme : ils ne supportent pas les voisins turbulents ou agressifs et craignent la concurrence alimentaire. Pour se nourrir de zooplancton, ils se déplacent en bancs constitués de mâles et de femelles généralement plus nombreuses. Le genre est hermaphrodite protogyne et le changement de sexe est réversible ! Dans l'aquarium, on constitue des harems formés d'un mâle et de trois à quatre femelles. Il est nécessaire d'introduire les femelles avant le mâle. Ils peuvent importuner les autres planctophages. *C. cyanopleura* vit dans des eaux particulièrement peu profondes et appréciera un aquarium récifal reconstituant les zones de haute énergie — fortement brassé et éclairé —, pourvu de nombreuses cachettes.

Cirrhilabrus exquisitus

Labre nain bariolé

Labridae 27010

Difficulté

- 12 cm
- De l'Afrique de l'Est aux îles Tuamotu, des îles Izu à la Grande Barrière de Corail.
- Excellente.
- Sociable.
- 240 l.
- Les femelles ont une livrée moins bariolée, rose presque uniforme.
- Artémias, mysis, vers de vase, etc. enrichis. Plusieurs fois par jour.
- Inconnue en aquarium.

Les couleurs des *Cirrhilabrus* spp. sont si vives et variables que même les spécialistes se demandent parfois s'ils observent une nouvelle espèce ou une variation d'une espèce existante ! De plus, plusieurs espèces forment souvent des bancs mixtes à la recherche du zooplancton dont elles se nourrissent. Parfois d'une beauté inqualifiable et souvent timides au premier abord, les labres nains trouvent vite leurs marques dans l'aquarium récifal, qu'ils arpentent sans causer de dégâts. L'acclimatation de *Cirrhilabrus exquisitus* nécessite de nombreuses cachettes et la distribution fréquente de petites proies vivantes.
Comportement en aquarium, maintenance et alimentation, voir *C. cyanopleura*.

Coris aygula

Girelle clown

27011 Labridae

Difficulté

Juvénile

Les juvéniles de *C. aygula* sont clairs avec deux ocelles noires bordés d'orange sur la dorsale. Beaucoup de girelles pratiquent le déparasitage au stade juvénile.

Jusqu'à 120 cm mais généralement moins de 55 cm.

De la mer Rouge aux îles Line et Ducie, du sud du Japon aux îles de Lord Howe et Rapa.

Non.

Plutôt agressif.

2000 l.

Chez les femelles, avant du corps et tête clairs, tachetés de rouge. Chez les mâles, corps bleu-vert foncé avec une ou deux bandes verticales claires ; bosse frontale.

Chair de poisson, crevette, moule, encornets, etc. frais ou congelés, paillettes, granulés.

Inconnue en aquarium.

Nécessitant évidemment de l'espace, cette girelle est à réserver aux très grandes cuves, qu'elle partagera avec des poissons capables de résister à sa voracité !

Il est préférable de le réserver aux aquariums publics. Sa nourriture est constituée d'une grande variété d'invertébrés ; elle est donc incompatible avec un bac récifal. *Coris aygula* peut retourner les cailloux à la recherche de ses proies ; en aquarium, il est même conseillé de mettre à sa disposition quelques pierres pour la distraire. Elle risque fort de réaménager le décor sauf s'il est constitué de pierres suffisamment lourdes. Comme toutes les girelles, elle s'enfouit dans le sable pour dormir ou se cacher, on ménagera une vaste zone avec une épaisseur de sable d'au moins 10 cm.

Coris gaimard

Girelle bariolée

Labridae 27012

Difficulté

Juvénile

Jusqu'à 38 cm.

De l'Indonésie à la Polynésie et Hawaii.

Non.

Plutôt agressif.

1000 l.

Aucun.

Chair de poisson, crevette, moule, encornets, etc. frais ou congelés, paillettes, granulés.

Inconnue en aquarium.

Les juvéniles de *Coris*, notamment *C. aygula* et *C. gaimard* sont de jolis petits poissons, très demandés en aquariophilie. Attention toutefois, pas d'achat impulsif : petit poisson deviendra grand !

Les juvéniles sont orangés et présentent des taches blanches cerclées de noir. Les adultes ont la tête orange striée de bleu, et leur corps gris-vert est maculé de points bleu électrique. La queue est jaune.

En aquarium récifal, les juvéniles peuvent éventuellement servir à l'élimination des Pyramidellidés, escargots parasites des bénitiers. Le régime alimentaire des adultes comprend mollusques, bernard-l'ermite et oursins ; il est impossible de les maintenir en bac récifal. Les *Coris* sont des poissons résistants, à condition d'acclimater des juvéniles de plus de 5 centimètres. Ils doivent disposer de nombreuses cachettes et d'une épaisse couche de sable fin pour se dissimuler.

Gomphosus varius

Labre-oiseau, poisson bec

27013 Labridae

Difficulté

L'espèce apparentée de l'océan Indien, *Gomphosus coeruleus* ou labre prince, présente une morphologie, une écologie et une maintenance en aquarium similaires.

Jusqu'à 28 cm.

De l'Indonésie à la Polynésie et Hawaii, du sud du Japon aux îles de Lord Howe et Rapa.

Non.

Pacifique sauf avec ses congénères.

600 l.

Les mâles sont verts, les femelles brunes. Les juvéniles sont rayés longitudinalement de noir et blanc avec le dos jaune-vert.

Toute nourriture carnée fraîche ou congelée, paillettes, granulés et complément végétal.

Inconnue en aquarium.

G. varius compte parmi les poissons les plus robustes en captivité ; c'est un animal vorace qui accepte aisément toutes les nourritures habituelles. La forme du bec est adaptée à la capture de petits invertébrés dans les anfractuosités de la roche ou entre les ramifications des coraux, il est donc incompatible avec l'aquarium récifal. Très actif pendant la journée, il a besoin d'un important volume pour la nage libre. Il ne s'enfouit pas dans le sable pour dormir mais s'abrite le soir dans une cachette du décor.

L'agressivité intraspécifique est forte, ne maintenir qu'un spécimen. Les relations interspécifiques sont pacifiques.

Halichoeres chrysus

Labre canari

Labridae 27014

Difficulté

12 cm.	96 l.
De l'île Christmas aux îles Marshall, du sud du Japon au sud-est de l'Australie.	Aucun.
Oui, du fait de sa petite taille.	Chair de poisson, crevette, moule, encornets, etc. frais ou congelés, paillettes, granulés.
Sociable.	Inconnue en aquarium.

H. chrysus est une espèce tolérante et calme qui convient aux débutants. Elle est territoriale mais peut être maintenue en groupe de 4 ou 5 individus dans un grand aquarium. Le labre canari est commun dans les eaux profondes des pentes externes et des récifs côtiers, il préférera une cuve modérément éclairée. En captivité, *H. chrysus* déparasite occasionnellement les autres poissons. Attention, il saute hors des cuves ouvertes.

Halichoeres spp. ignorent les anthozoaires mais les vers tubicoles, les petits crustacés et les escargots figurent régulièrement à leur menu. Il y a donc lieu de les écarter des bacs récifaux. Toutefois, l'introduction des petites espèces (*H. chrysus, H. leucurus, H. melanurus, H. melasmapomus, H. ornatissimus, H. pallidus, H. richmondi*) en aquarium récifal semble possible. Elles présentent en outre l'avantage d'y consommer les Pyramidellidés (des escargots parasites des bénitiers), les vers de feu, voire les Turbellariés (ou « planaires »).

Halichoeres chloropterus

Labre vert pastel

27015 Labridae

Difficulté

Le genre compte suffisamment d'espèces pour que toutes n'aient pas le même « profil aquariophile » ! Mais pour tous les *Halichoeres*, une couche de sable fin d'une épaisseur minimale de 5 centimètres est indispensable : ces animaux s'enterrent pendant le repos nocturne.

19 cm.	240 l.
De Sumatra aux îles Salomon, des Philippines à la Grande Barrière de Corail.	Aucun.
Non.	Crustacés, coquillages, encornets, etc. frais ou congelés, nourritures sèches ou lyophilisées.
Sociable.	Inconnue en aquarium.

Les relations intra- et interspécifiques sont bonnes et la maintenance en groupe spécifique ou mixte est possible. Les *Halichoeres* sont des labres idéaux pour l'aquarium généraliste de poissons. *H. chloropterus* habite les zones mixtes et peu profondes. Les juvéniles de couleur uniforme vert vif évoluent parmi les algues, les individus pâles ou portant des lignes foncées occupent les zones rocheuses. Le labre vert pastel appréciera un aquarium bien éclairé, riche en cachettes et présentant une zone libre pour la nage. Un décor sableux avec des amas rocheux épars est idéal. Attention, il saute hors des cuves ouvertes.

Halichoeres marginatus

Labre barré

Labridae 27016

Difficulté

17 cm.

De la mer Rouge aux îles Line et Tuamotu, du sud du Japon à la Grande Barrière de Corail.

Non.

Sociable.

240 l.

Aucun.

Chair de poisson, crevette, moule, encornets, etc. frais ou congelés, paillettes, granulés.

Inconnue en aquarium.

Les juvéniles sont bruns avec des lignes horizontales blanches et un ocelle sur la dorsale. L'acclimatation est aisée si l'animal n'a pas souffert des conditions de capture et de transport. *H. marginatus* est familier des lagunes riches en végétation, où il se nourrit principalement d'invertébrés benthiques des substrats meubles. En aquarium, il appréciera un lit de sable planté d'algues voire de phanérogames marines, mais il ne faut pas négliger les cachettes du décor rocheux. Il peut être maintenu en groupe dans un aquarium spacieux.

Halichoeres scapularis

Labre zigzag

27017 Labridae

Difficulté

20 cm.

De la mer Rouge à la Papouasie-Nouvelle-Guinée, du sud du Japon à la Grande Barrière de Corail.

Non.

Sociable.

240 l.

Mâles avec tête verte, striée de mauve et motif noir en zigzag sur la partie antérieure. Femelles claires avec bande noire régulière longeant la ligne latérale.

Crustacés, coquillages, encornets, etc. frais ou congelés, nourritures sèches ou lyophilisées.

Inconnue en aquarium.

Les juvéniles sont étroitement associés au substrat, vivant souvent près d'oursins dans des anfractuosités étroites de la roche. Les adultes sont plus actifs que les autres espèces du genre, ce sont des habitués des zones de haute énergie et du lagon.

Grand nageur, *Halichoeres scapularis* sera à l'aise dans une grande cuve lumineuse bénéficiant d'un grand volume d'eau libre, mais néanmoins pourvu de cachettes nombreuses. Il peut être maintenu en groupe dans un aquarium très spacieux.

Labroides dimidiatus

Labre nettoyeur, nettoyeur commun

Labridae 27018

Difficulté

11 cm.	240 l.
De la mer Rouge aux îles Marquises et Ducie, du sud du Japon à l'île Lord Howe.	Aucun.
Excellente.	Artémias, mysis, vers de vase, etc. enrichis. Nourrir plusieurs fois par jour.
Sociable, sauf envers ses congénères.	Ponte observée en aquarium, hermaphrodite protogyne.

Ces poissons se nourrissent des ectoparasites et des tissus cutanés abîmés des autres poissons. Ils inspectent les téguments y compris la bouche et la chambre branchiale de leurs compagnons. Les hôtes des aquariums ne sont que rarement porteurs de parasites si bien qu'il faut impérativement fournir un aliment de substitution. À l'acclimatation, la chair de moule crue est généralement bien acceptée. Par la suite les autres nourritures usuelles conviendront si la taille est adaptée à leur petite bouche. Ils se réfugient le soir dans une cachette et sécrètent un cocon muqueux où ils passent la nuit. Relations intraspécifiques houleuses, sauf si un couple s'est formé au sein d'un groupe de juvéniles. Exceptionnellement, un poisson peut mordre le manteau d'un bénitier. Relations interspécifiques, voir *L. phthirophagus*.

La blennie *Aspidontus taeniatus* imite la morphologie, la coloration et la nage caractéristique de *Labroides dimidiatus*, mais ne partage pas ses bonnes intentions ! Les poissons suffisamment inattentifs ou confiants pour laisser approcher *Aspidontus taeniatus* en croyant à une séance de nettoyage, en seront quittes pour une plaie après que le Faux-nettoyeur leur aura arraché un lambeau d'épiderme. Il convient donc d'être vigilant lorsqu'on choisit un spécimen de *Labroides dimidiatus* pour son aquarium. *Aspidontus taeniatus* se reconnaît par une bouche infère.

Labroides phthirophagus

Nettoyeur à queue rouge

27019 Labridae

Difficulté

10 cm.	240 l.
Hawaii.	Aucun.
Excellente.	Artémias, mysis, vers de vase, etc. enrichis. Nourrir plusieurs fois par jour.
Très sociable.	Inconnue en aquarium.

Certains « clients » des *Labroides* changent de couleur pendant les opérations de nettoyage, probablement pour faciliter la localisation des parasites à éliminer. Il ne faut pas être pris au dépourvu par ce comportement et le confondre avec un état maladif. Les labres nettoyeurs importunent occasionnellement certains spécimens, sur lesquels ils tentent une opération de nettoyage en confondant leur patron de coloration (points, taches, etc.) avec des parasites. Les *Labroides* spp. ne sont malheureusement pas capables d'éliminer les ectoparasites courants comme *Cryptocarion irritans* ou *Amyloodinium ocellatum.*

L. phthirophagus est considéré comme l'espèce la plus difficile du genre en aquarium. À l'acclimatation, proposer des vers de vase et des artémias vivants. La formation d'un groupe en aquarium semble plus facile que pour les autres espèces du genre. Relations interspécifiques : les autres labres nettoyeurs sont généralement écartés, les autres espèces sont bien tolérées même si l'activité de « nettoyage » peut finir par causer des plaies notamment chez les tétrodons, les diodons, et les poissons-coffres. Les labres nettoyeurs sont généralement parfaitement respectés par les autres espèces, mais on rapporte des cas de prédation en captivité par des rascasses.

Macropharyngodon bipartitus

Labre-léopard vermiculé

Labridae 27020

Difficulté

- 13 cm.
- De la mer Rouge et de l'ouest de l'océan Indien aux Maldives.
- Excellente.
- Très sociable.
- 240 l.
- Femelles brun-vert avec ponctuations bleues et gorge noire avec marbrures bleues. Mâles brun-vert avec vermicules bleus.
- Artémias, mysis, vers de vase, etc. enrichis. Nourrir plusieurs fois par jour.
- Inconnue en aquarium.

Les *Macropharyngodon* sont des microphages qu'il est difficile d'habituer aux nourritures de substitution. Il est indispensable de leur fournir un aquarium mature et riche en microfaune, présentant un lit de sable vivant où ils pourront en outre s'enfouir. Ils supportent mal la concurrence alimentaire et préfèrent les voisins calmes.

Les mâles combattent entre eux. On peut réunir un harem en introduisant simultanément plusieurs juvéniles.

Les relations interspécifiques sont pacifiques, on maintiendra de préférence ces poissons dans un aquarium récifal et/ou en compagnie de poissons délicats comme les hippocampes et les syngnathes.

Novaculichthys taeniourus

Labre rasoir masqué, rason algue

27021 Labridae

Difficulté

Jusqu'à 27 cm.	600 l.
De la mer Rouge à Panama, des îles Ryukyu et Hawaii aux îles Tuamotu et Lord Howe.	Aucun.
Non.	Chair de poisson, crevette, moule, encornets, etc. frais ou congelés, paillettes, granulés, éventuellement vers de terre ou poissons entiers.
Agressif.	Inconnue en aquarium.

Les juvéniles, bariolés de brun et de blanc, imitent certaines algues ballottées au gré des vagues. Dans la nature ce poisson est habitué aux zones très agitées, il appréciera un brassage puissant. Il se nourrit de divers invertébrés qu'il capture en retournant les pierres ; en aquarium, il bouleversera le décor sans délicatesse. Il est indispensable de lui fournir une épaisse couche de sable où il s'enfouit rapidement en cas de danger. C'est un grand labre agressif envers ses congénères, il faut maintenir un seul individu par cuve qui sera partagée avec d'autres poissons vigoureux. Il dévore les petits poissons et les invertébrés vagiles et renverse les invertébrés sessiles ; son introduction en bac récifal est exclue.

Paracheilinus octotaenia

Labre nain à huit lignes

Labridae 27022

Difficulté

9 cm.

Mer Rouge.

Bonne.

Pacifique sauf avec les autres labres.

240 l.

Les mâles ont une robe plus foncée et 8 bandes nettement distinctes.

Artémias, chair de moules, coques et crevettes, paillettes, granulés.

Inconnue en aquarium.

Ce petit labre originaire de la mer Rouge est encore rarement rencontré dans les aquariums. C'est un planctophage d'abord discret qui met du temps à s'adapter à la captivité. Une fois bien acclimaté, *P. octotaenia* se révèle être un bon pensionnaire, un peu dominateur avec les autres labres. Il vaut mieux héberger un petit groupe de 4 à 6 individus avec un mâle dominant un harem de femelles dans un aquarium de 350 litres minimum. Un poisson parfait pour un aquarium récifal dont il enrichira la palette de couleurs.

Pseudocheilinus hexataenia

Labre nain à six lignes

27023 Labridae

Difficulté

7,5 cm.	96 l.
De la mer Rouge aux Tuamotu, des îles Ryukyu à Lord Howe et les Australes.	Aucun.
Bonne.	Artémias, chair de moules, coques et crevettes, paillettes, granulés.
Pacifique sauf avec ses congénères.	Inconnue en aquarium.

Un labre très connu des aquariophiles marins. On a observé des labres nains à 6 lignes consommer des crustacés ectoparasites qu'ils vont prélever sur l'épiderme d'autres poissons récifaux, contribuant ainsi à leur déparasitage. Dans la nature, c'est une espèce assez timide, nageant souvent à l'abri des coraux. Elle passe son temps à débusquer et picorer les petits crustacés cachés dans les coins et les recoins du récif. En aquarium, le labre reproduit ce comportement et se révèle être un poisson très actif, un des premiers arrivés lors des de nourriture. On peut faire cohabiter plusieurs spécimens dans un même aquarium de plus de 300 litres et pourvu de nombreuses cachettes.

Thalassoma bifasciatum

Girelle paon à tête bleue

Labridae 27024

Difficulté

18 cm.	450 l.
De la Floride et des Bermudes au sud du golfe du Mexique et au Venezuela.	Seuls les mâles ont un « collier » noir et blanc.
Bonne.	Paillettes, granulés, artémias, moules, coques et crevettes.
Sociable.	Inconnue en aquarium.

Ce joli labre des Caraïbes peuplera avantageusement un aquarium géographique hébergeant aussi des poissons-anges. Cette girelle est un hermaphrodite protogyne, c'est-à-dire que les jeunes sont femelles et que seuls les dominants deviennent mâles. On peut faire cohabiter plusieurs spécimens dans un aquarium si son volume dépasse 600 litres et qu'il est pourvu de nombreuses cachettes et d'une couche de sable où les animaux s'enfouissent la nuit. La girelle à tête bleue se réfugie parfois dans les éponges tubulaires qui prolifèrent dans les Caraïbes. Le défi consiste à reproduire cette association en aquarium !

Thalassoma duperrey

Girelle paon à selle

27025 Labridae

Difficulté

27 cm.	450 l.
Îles d'Hawaii et de Johnston.	Les mâles sont plus colorés.
Bonne.	Paillettes, granulés, artémias, moules, coques et crevettes.
Sociable.	Inconnue en aquarium.

Il s'agit d'un des plus grands représentants du genre *Thalassoma*. Il doit donc être hébergé dans un aquarium à sa dimension, 450 litres minimum compte tenu du fait que c'est aussi un nageur infatigable. Son régime est composé d'invertébrés benthiques et de petits poissons, les juvéniles et les adultes pratiquent parfois le déparasitage. Il n'est donc guère difficile à contenter sur le plan alimentaire.

Les relations intraspécifiques sont bonnes, il peut vivre en harem dans un aquarium de plus de 600 litres pourvu de nombreuses cachettes.

Thalassoma lucasanum

Girelle arc-en-ciel

Labridae 27026

Difficulté

12 cm.	240 l.
Pacifique oriental, golfe de Californie.	Mâles rouges avec collier jaune et extrémités bleues, y compris la tête. Juvéniles et femelles plus sombres.
Bonne.	Paillettes, granulés, artémias, moules, coques et crevettes.
Sociable.	Inconnue en aquarium.

Ce représentant du genre *Thalassoma* peuple les eaux mexicaines du Pacifique. Sa région d'origine en fait un poisson rarement importé et donc peu disponible pour les aquariophiles amateurs. On peut tenter de reproduire un aquarium des eaux du Pacifique est et d'inclure *T. lucasanum* dans le peuplement. Comme chez tous les labres, les juvéniles et les femelles ont tendance à vivre ensemble alors que les mâles sont plus solitaires car moins tolérants. On peut faire cohabiter plusieurs spécimens dans un aquarium de plus de 240 litres s'il est pourvu d'un vaste espace libre et d'un décor rocheux offrant de multiples cachettes.

Thalassoma lunare

Girelle lune

27027 Labridae

Difficulté

27 cm.	600 l.
De la mer Rouge aux îles de la Ligne, du sud du Japon au nord de la Nouvelle-Zélande.	Mâles plus vivement colorés que les juvéniles et les femelles.
Déconseillée.	Paillettes, granulés, artémias, moules, coques et crevettes.
Sociable.	Inconnue en aquarium.

C'est la girelle du genre la plus régulièrement observée en aquarium. Elle très vivement colorée et nage sans cesse à la recherche de nourriture. Pour cette raison, un aquarium d'au moins 600 litres est nécessaire. On peut faire cohabiter un couple dans un aquarium plus volumineux et pourvu de nombreuses cachettes. Son agressivité tend d'ailleurs à augmenter dans un aquarium trop exigu. D'autre part, il avalera tous les invertébrés mobiles, crabes, crevettes, mollusques ainsi que les petits poissons. Il faut donc éviter de l'introduire dans un bac d'invertébrés et de le faire cohabiter avec des petits poissons. Hormis ces cas particuliers, les relations interspécifiques sont bonnes.

Lutjanus sebae

Lutjan rouge, lutjan empereur

Lutjanidae 28001

Difficulté

85 cm.	2000 l.
De la mer Rouge à la Papouasie-Nouvelle-Guinée, du sud du Japon au sud-ouest de l'Australie.	Aucun.
Bonne, sous réserve.	Poissons, crevettes, moules et coques, granulés.
Agressif envers les petits poissons.	Ponte observée en aquarium.

Le lutjan rouge est très attractif en raison de sa coloration qui s'estompe malheureusement lorsque le poisson devient adulte. C'est un animal qui peut atteindre près de 80 cm de longueur et qui est donc peu recommandable pour un particulier. Un juvénile dépassera rapidement la capacité d'accueil du bac et l'adulte ne trouvera sa place que dans un aquarium public. La taille de sa bouche et sa tendance à gober tout ce qui passe à sa portée en font un prédateur redoutable à ne maintenir qu'avec des poissons de taille équivalente. Ne garder qu'un individu par aquarium. Les adultes ne craignent rien des autres poissons, seuls les juvéniles peuvent être intimidés et dominés.

La ponte de *L. kasmira* a été obtenue avec un groupe de 20 spécimens adultes dans un aquarium de près de 5 m³ (Marine Science Museum de l'Université de Tokai). Un couple initie la reproduction en nageant en une spirale ascendante, petit à petit d'autres poissons se joignent à eux et tous pondent en arrivant à la surface. Les œufs flottent et éclosent en moins de 24 heures. Les larves ont été nourries avec du couvain d'huître mais, 7 jours après l'éclosion, toutes étaient mortes.

Macolor niger

Lutjan noir et blanc

28002 Lutjanidae

Difficulté

Juvénile

70 cm.	2000 l.
De la mer Rouge aux Samoa, des Ryukyu à la Nouvelle-Calédonie.	Aucun.
Bonne, sous réserve.	Poissons, crevettes, moules et coques, granulés.
Agressif envers les petits poissons.	Inconnue en aquarium.

Les juvéniles sont très séduisants, malheureusement, les motifs noirs et blancs qui composent leur livrée laissent la place à une dominante grisâtre chez les adultes. C'est un poisson qui peut atteindre près de 70 cm, il n'est donc pas adapté à un aquarium de particulier. D'autant que c'est un nageur infatigable qui a besoin d'un immense volume d'eau libre. Bien qu'il soit moins vorace que les autres lutjans, la taille de sa bouche et sa tendance à gober tout ce qui passe à sa portée en font un prédateur efficace qu'on ne peut maintenir ni avec des poissons de taille inférieure, ni avec des invertébrés mobiles, notamment les crustacés.

Les adultes sont suffisamment imposants pour se faire respecter, les juvéniles peuvent être intimidés et dominés par d'autres poissons.

Holoplolatilus marcosi

Couvreur à dos rouge

Malacanthidae 29001

Difficulté

12 cm.	240 l.
Philippines, Célèbes et Salomon.	Aucun.
Bonne.	Artémias adultes, zooplancton, aliments carnés fins.
Sociable.	Inconnue en aquarium.

On rencontre *H. marcosi* sur la pente externe des récifs, souvent à des profondeurs excédant 30 mètres, nageant au-dessus de son terrier à la recherche d'organismes planctoniques. C'est un excellent nageur et, en dépit de sa taille modeste, il lui faut un aquarium volumineux. C'est un poisson timide et facilement effrayé, il affectionne particulièrement les grottes et les surplombs qui le rassurent. Le couvreur à dos rouge forme des couples qui partagent une galerie creusée sous les pierres vivantes. Le décor doit être bien calé pour ne pas s'écrouler lors de ces travaux d'excavation. C'est un excellent sauteur et il faut impérativement couvrir l'aquarium.

Malacanthus latovittatus

Malacanthe bleu

29002 Malacanthidae

Difficulté

45 cm.	1000 l.
De la mer Rouge aux îles de la Ligne, à la Nouvelle-Calédonie et aux îles Cook.	Aucun.
Bonne.	Artémias adultes, néréis, aliments carnés.
Sociable.	Inconnue en aquarium.

M. latovittatus vit seul ou en couple dans un terrier creusé sous les roches et les coraux. C'est un des plus grands représentants de sa famille et un bon nageur, il faut donc le maintenir dans un grand aquarium disposant d'espace pour évoluer. Son acclimatation est délicate car les individus arrivent souvent en mauvais état. Il se nourrit de zooplancton et accepte les nourritures usuelles après y avoir été habitué.

C'est un auxiliaire utile pour lutter contre les vers de feu. Le bac doit être doté d'une épaisse couche de sable pour qu'il puisse y exercer son activité de fouissage, et parfaitement couvert car il saute facilement hors de l'eau. Les *Malacanthus* spp. sont moins timides que les *Hoplolatilus* spp. mais demandent un environnement calme et dépourvu de poissons agressifs. Ils peuvent vivre en groupe.

Nemateleotris decora

Éléotris décoré

Microdesmidae 30001

Difficulté

9 cm.	240 l.
De Maurice et des Maldives aux Samoa, des Ryukyu à la Nouvelle-Calédonie.	Aucun.
Bonne.	Crustacés, zooplancton, moules, granulés.
Pacifique sauf avec les membres de son espèce.	Inconnue en aquarium.

C'est très certainement le plus joli des Microdesmidés. De plus, il est robuste et s'acclimate facilement en aquarium. Comme tous les poissons de ce genre, *N. decora* vit en couple, il peuple les fonds sablonneux des lagons dans lesquels il se ménage une cavité, sous une pierre ou une coquille vide. Il stationne à proximité de ce refuge et s'y réfugie en cas de danger. Afin de diminuer sa timidité naturelle en aquarium, il convient de lui fournir une bonne couche de sable et de nombreuses cachettes. À moins de pouvoir se procurer un couple qui se serait préalablement formé, la cohabitation avec des membres de son espèce est risquée, les dominés succombant rapidement faute de pouvoir s'alimenter suffisamment. La cohabitation avec d'autres petites espèces calmes est pacifique. Attention, il saute aisément hors du bac.

Nemateleotris magnifica

Éléotris magnifique

30002 Microdesmidae

Difficulté

8 cm.	240 l.
De l'Afrique de l'Est aux îles Hawaii, Marquises et Pitcairn, du sud du Japon à la Nouvelle-Calédonie et aux Australes.	Aucun.
Excellente.	Crustacés, zooplancton, moules, granulés.
Paisible.	Inconnue en aquarium.

Nemateleotris magnifica est un peu moins joli que *N. decora* mais plus facilement disponible sur le marché. Il est robuste et s'acclimate facilement en aquarium, après une période de grande timidité. Afin de limiter la durée de la phase d'adaptation et de l'inciter à nager librement dans la colonne d'eau, il faut lui fournir un aquarium avec une épaisse couche de sable et de nombreux refuges et éviter la cohabitation avec des poissons trop remuants. C'est un planctophage, il apprécie particulièrement les petits crustacés mais acceptera par la suite les aliments carnés fins.

L'introduction de plusieurs spécimens est possible dans un bac de plus 450 litres. Les couples peuvent se former dans l'aquarium. Bien couvrir l'aquarium car c'est un poisson sauteur.

Pterelеotris zebra

Poisson-fléchette zébré

Microdesmidae 30003

Difficulté

11 cm.	240 l.
De la mer Rouge aux îles de la Ligne et Marquises, des Ryukyu au sud de la Grande Barrière de Corail.	Aucun.
Excellente.	Crustacés, zooplancton, moules, granulés.
Paisible.	Inconnue en aquarium.

Ptereleotris zebra est le meilleur nageur des Microdesmidés proposés pour l'aquarium marin. Il est un peu moins joli que *Nemateleotris decora* et *N. magnifica* mais moins timide et plus actif. Il est robuste et s'acclimate facilement en aquarium. C'est un poisson qui nage en pleine eau et qui aura besoin d'espace pour évoluer, il faut aussi lui fournir une bonne couche de sable et de nombreuses possibilités de cachettes. La cohabitation avec des membres de son espèce est possible dans 450 litres au minimum. Les poissons s'intimident en déployant une sorte d'épine jugulaire et en paradant côte à côte. Les couples peuvent se former dans l'aquarium, les deux poissons partagent alors la même tanière. Bien couvrir l'aquarium car c'est un poisson sauteur.

Chaetodermis penicilligera

Poisson-lime orné

31001 Monacanthidae

Difficulté

26 cm.	600 l.
De la Malaisie et de l'Indonésie au nord-ouest de l'Australie et à la Grande Barrière de Corail, jusqu'au sud du Japon.	Aucun.
Non.	Poissons, moules, coques et crevettes, granulés, complément végétal.
Paisible, timide.	Inconnue en aquarium.

C'est un poisson-lime quelque peu particulier en raison des ornementations de sa peau. Sa tenue de camouflage plaît ou ne plaît pas ! Elle lui est cependant nécessaire pour passer inaperçu dans les zones rocheuses couvertes d'algues ramifiées. C'est un poisson très timide qu'il conviendra d'héberger dans un aquarium « sur mesure », reproduisant autant que possible son habitat naturel : décor rocheux couvert de macroalgues, peu ou pas de coraux et brassage simulant un léger ressac. Il ne faut pas le faire cohabiter avec des espèces agressives ou turbulentes qui auraient tendance à grignoter ses ornements. Dans la nature, ce poisson picore tous les invertébrés qu'il trouve, son alimentation doit être la plus variée possible et comporter impérativement une fraction végétale.

Oxymonacanthus longirostris

Poisson-lime à taches orange

Monacanthidae 31002

Difficulté

10 cm.	240 l.
De l'Afrique de l'Est aux Samoa, des Ryukyu à la Grand Barrière de Corail, la Nouvelle-Calédonie et les Tonga.	Aucun.
Non.	Polypes de coraux, artémias adultes et nauplies vivantes.
Paisible.	Inconnue en aquarium.

C'est un très joli poisson que son patron de coloration rend très désirable pour tout aquariophile marin. Malheureusement il est quasiment impossible à maintenir durablement en aquarium. Il se nourrit en effet de polypes de coraux, principalement *Pocillopora* et *Acropora*. Les individus adultes ou subadultes sont impossibles à acclimater à une autre nourriture. Les juvéniles peuvent prendre des nauplies d'artémias et d'autres microcrustacés. À moins de disposer d'un aquarium d'au moins 2000 litres emplis de coraux à petits polypes en pleine santé et qui pourront supporter d'être picorés, il vaut mieux éviter d'acquérir ce poisson et le laisser à son milieu naturel.

Pervagor melanocephalus

Poisson-lime à tête noire, poisson-lime à queue rouge

31003 **Monacanthidae**

Difficulté

13 cm.	240 l.
De Sumatra aux Fidji et Tonga, des Ryukyu à la Grande Barrière de Corail et les îles Norfolk.	Aucun.
Non.	Poissons, moules, coques et crevettes, granulés, complément végétal.
Paisible, timide.	Inconnue en aquarium

Ce joli poisson-lime se révèle très délicat à acclimater et à maintenir en aquarium. La difficulté consiste à lui faire accepter la nourriture inerte d'un aquarium. L'adaptation doit se faire en deux étapes : premièrement, distribuer des nourritures vivantes, par exemple des artémias adultes et nauplies, puis disposer dans les interstices des pierres de l'aquarium des fragments de nourriture (chair de poisson, de mollusque ou de crustacé) que le poisson sera tenté de picorer tout au long de la journée. Même lorsqu'il est acclimaté, le poisson-lime à tête noire reste timide et ne doit pas être hébergé en compagnie de poissons turbulents. Privilégier un environnement de type zone d'arrière récif avec quelques massifs coralliens.

Cleidopus gloriamaris

Poisson-pomme de pin

Monocentridae 32001

Difficulté

24 cm.	450 l.
Sud-est et sud-ouest de l'Australie.	Aucun.
Non.	Crevettes entières, vivantes ou congelées.
Paisible, timide.	Ponte observée en aquarium.

Cleidopus gloriamaris est un poisson très original qui nous vient des côtes du sud de l'Australie. C'est un animal nocturne, qui vit généralement dans des eaux profondes ou des grottes. Il dispose d'organes lumineux situés à l'articulation de la mâchoire dont il se sert pour repérer ses proies : des crustacés benthiques essentiellement. Sa robe qui rappelle une pomme de pin en fait une curiosité qui pourrait tenter certains. Mais, en dépit d'une robustesse certaine, un aquarium marin de type tropical ne lui conviendra pas. Il s'épanouira mieux dans un aquarium spécifique, peu éclairé, riche en grottes et surplombs et dont la température ne dépassera pas 23°C. Les relations intra et interspécifiques sont très paisibles. La concurrence alimentaire d'espèces vives peut lui être défavorable.

Monodactylus argenteus

Monodactylus, poisson-lune

33001 Monodactylidae

Difficulté

La reproduction de *Monodactylus sebae* a déjà été obtenue en captivité en eau saumâtre. Après une parade faite de tremblements et de contorsions, le couple pond tout en nageant côte à côte. En eau salée, les œufs flottent. Les larves sont nourries de plancton fin, puis de rotifères, enfin de nauplies d'artémias. L'élevage en eau saumâtre (de 25 à 50% d'eau de mer) donne les meilleurs résultats.

Monodactylus argenteus est souvent maintenu en association avec *Scatophagus argus* car ces deux espèces se trouvent dans les mêmes milieux saumâtres et chargés en matières organiques.

22 cm.	600 l.
De la mer Rouge aux Samoa et des Ryukyu à la Nouvelle-Calédonie.	Aucun.
Non.	Poissons, moules, coques et crevettes, granulés, complément végétal.
Sociable, nageur actif.	Inconnue en aquarium.

Monodactylus argenteus fait typiquement partie des poissons qui peuplent les zones d'arrière récif, les lagunes d'eau faiblement salée que l'on trouve près des côtes et les estuaires. Pour cette raison, il s'adaptera bien dans un bac de mangrove ou de lagune saumâtre, nettement moins dans un aquarium récifal. C'est un poisson robuste que l'on trouve dans les zones polluées par les activités humaines. On maintiendra de préférence un groupe d'au moins 5 individus dans un aquarium de grande taille. Les animaux isolés restent timides et craintifs, alors que les spécimens vivant en banc nagent activement et infatigablement. C'est un poisson vorace qui accepte toutes les nourritures usuelles.

Echidna nebulosa

Murène étoilée

Murenidae 34001

Difficulté

70 cm.	450 l.
De la mer Rouge à Panama, des Ryukyu et d'Hawaii à l'île Lord Howe.	Aucun.
Bonne (sous réserves).	Poissons, moules, coques et crevettes.
Solitaire, prédateur.	Inconnue en aquarium.

Echidna nebulosa se révèle très facile à acclimater en aquarium et d'un comportement relativement paisible pour une murène. Elle s'adapte bien à la nourriture inerte et vient rapidement prendre les aliments présentés au bout d'une pince par l'aquariophile. Elle a besoin d'une cavité à l'entrée de laquelle elle passe le plus clair de son temps. C'est une espèce idéale pour débuter avec ce type de poissons. L'équipement technique du bac doit être adapté aux murènes afin d'éviter tout risque d'enfermement accidentel dans un filtre, etc. L'aquarium doit être soigneusement couvert pour empêcher les évasions. La cohabitation avec les invertébrés est possible sauf avec ceux qui sont considérés comme une nourriture (crustacés surtout).

Les murènes ne sont pas des poissons impossibles à maintenir en aquarium avec des invertébrés sessiles. Ceux-ci doivent être bien fixés au substrat pour ne pas être dérangés par les allers et venues des murènes.

Gymnomuraena zebra

Murène zébrée

34002 Murenidae

Difficulté

Des tuyaux PVC pour adduction d'eau peuvent être dissimulés dans le décor afin de constituer des abris très prisés des murènes.

100 cm.	600 l.
De la mer Rouge à Panama, des Ryukyu et d'Hawaii aux îles de la Société.	Aucun.
Bonne (sous réserves).	Poissons, moules, coques et crevettes.
Solitaire, prédateur.	Inconnue en aquarium.

Le patron de coloration de *Gymnomuraena zebra* en fait une espèce prisée des amateurs de murènes. Malheureusement, c'est une espèce difficile à acclimater qui refuse de s'alimenter autrement qu'avec des proies vivantes, poissons et crabes. La murène zébrée, paisible, peut peupler un aquarium communautaire avec des gros poissons. Elle ne doit toutefois pas être gardée avec des poissons trop petits ou des invertébrés (crustacés notamment) qui pourraient être considérés comme des proies. On rapporte de nombreuses disparitions nocturnes de poissons maintenus avec des murènes ! Elle a tendance à vivre en permanence dans sa cavité mais peut être amenée à sortir au moment de la distribution de nourriture.

Gymnothorax javanicus

Murène javanaise, murène géante

Murenidae 34003

Difficulté

250 cm.

De la mer Rouge aux Marquises et Pitcairn, des Ryukyu à la Nouvelle-Calédonie et aux Australes.

Bonne (sous réserves).

Solitaire, prédateur.

2000 l.

Aucun.

Poissons, coquillages et crustacés.

Inconnue en aquarium.

Gymnothorax javanicus fait partie des plus grandes espèces de murènes avec près de 3 mètres et 70 kilos pour les spécimens les plus imposants. Autant dire que ce n'est pas une murène compatible avec toutes les installations aquariophiles. Seul un aquarium d'au moins 600 à 800 litres est adapté aux petits individus. Les adultes ne trouveront leur place que dans les bacs d'un volume supérieur à 2000 litres des aquariums publics. Son comportement d'ogre rend cette murène pratiquement incompatible avec tout autre poisson ou crustacé. Pourtant, des crevettes nettoyeuses du genre *Lysmata* peuvent cohabiter avec les *Gymnothorax*. Elles se déplacent sur tout leur corps à la recherche de parasites. Elles pénètrent même impunément à l'intérieur de la gueule des carnassiers pour y nettoyer cavités buccale et branchiale.

Gymnothorax moringa

Murène tachetée

34004 Murenidae

Difficulté

100 cm.	600 l.
Caraïbes et Atlantique tropical, jusqu'aux îles d'Ascension et de Sainte-Hélène.	Aucun.
Bonne (sous réserves).	Poissons, moules, coques et crevettes.
Solitaire, prédateur.	Inconnue en aquarium.

G. moringa est la murène la plus commune aux Antilles. On la rencontre de la surface jusqu'au bas des pentes récifales ; le jour elle se tient parmi les éponges et les coraux et passe une bonne partie de la nuit à chasser les poissons, les crabes et les poulpes. En aquarium, ce poisson se révèle très robuste, acceptant toutes les nourritures habituelles et devenant vite familier. Les aliments devront être distribués à l'aide d'une pince car, comme toutes les murènes, *G. moringa* devient très agressive à cet instant. On rapporte de nombreux accidents survenus dans la nature avec des murènes du genre *Gymnothorax*. Ces agressions se produisent souvent à des « spots » de nourrissage où les animaux ont pris l'habitude de venir au contact de l'homme et n'en ont plus peur.

Rhinomuraena quaesita

Murène ruban

Murenidae 34005

Difficulté

120 cm.	450 l.
De l'Afrique de l'Est aux Tuamotu, du sud du Japon à la Nouvelle-Calédonie et aux Australes.	Juvéniles noirs, mâles bleus, femelles jaunes (voir encadré).
Bonne (sous réserves).	Poissons, moules, coques et crevettes.
Prédateur mais paisible.	Inconnue en aquarium.

La murène ruban est sans aucun doute l'espèce la plus prisée des aquariophiles. Malheureusement, elle se révèle difficile à acclimater et refuse souvent de s'alimenter. Il est alors nécessaire de distribuer des proies vivantes : mollys, guppys, poissons rouges, crabes ou crevettes. Cette murène vit généralement dans une cavité qu'elle creuse dans les substrats sablo-vaseux qui bordent le récif. Il faut lui fournir une épaisse couche de sable. Les relations intraspécifiques sont excellentes, il est possible de maintenir un groupe. C'est une murène pacifique à garder avec des espèces calmes car elle craint la concurrence alimentaire. Elle peut cohabiter sans problème avec la plupart des invertébrés. Elle n'est dangereuse que pour les petits poissons et les crustacés.

Rhinomuraena quaesita est hermaphrodite protandre, ce qui signifie que les juvéniles deviennent tous mâles (entre 60 et 80 cm) avant de devenir femelles (au-delà de 80 cm).

Scolopsis bilineatus

Happeur à deux lignes

35001 Nemipteridae

Difficulté

24 cm.	600 l.
Des Maldives et Laquedives aux Fidji, jusqu'aux Ryukyu et Lord Howe.	Aucun.
Oui (sous réserves).	Chair de poissons, moules, coques et crevettes.
Timide.	Inconnue en aquarium.

Scolopsis bilineatus est rarement proposé dans le commerce aquariophile. C'est pourtant un poisson robuste qui se révèle être un auxiliaire de choix pour l'entretien de la couche de sable. En effet, il passe le plus clair de son temps à tamiser le substrat de l'aquarium pour en retirer les animalcules qui y vivent. Ce faisant, il contribue à sa propreté mais appauvrit sa microfaune ! Un refuge permettra de compenser partiellement ce prélèvement. Sa taille le rend incompatible avec des installations d'un volume inférieur à 450 litres mais au-delà, il est un hôte bienvenu qui s'accommode de tous les pensionnaires de l'aquarium marin pourvu qu'ils ne soient pas trop remuants.

S. bilineatus est agressif envers ses congénères, ne conserver qu'un seul spécimen par bac.

Symphorichthys spilurus

Lutjan à lignes bleues

Nemipteridae 35002

Difficulté

55 cm.	1500 l.
Du nord de Sumatra et des Philippines à la Nouvelle-Calédonie, des Ryukyu au nord de l'Australie.	Aucun.
Bonne (sous réserves).	Chair de poissons, moules, coques et crevettes.
Sociable sauf envers ses congénères.	Inconnue en aquarium.

Symphorichthys spilurus est un gros poisson très actif et l'adulte a besoin d'un volume important pour ses évolutions. Une cachette dans laquelle il peut se retirer lorsqu'il se sent menacé est néanmoins indispensable. Après une acclimatation parfois délicate, au cours de laquelle il faudra avoir recours aux petits crustacés et aux néréis vivants, il accepte toutes les nourritures habituelles. Son comportement de prédateur le rend incompatible avec des petits poissons et les crevettes ornementales. Le comportement intraspécifique est aléatoire, ne conserver qu'un seul spécimen par aquarium. Le juvénile est moins attractif que l'adulte, sa livrée est terne avec une large bande longitudinale noire.

Ogcocephalus sp.

Poisson chauve-souris

36001 Ogcocephalidae

Difficulté

Les vers de vase rouges employés en eau douce facilitent énormément l'acclimatation et constituent souvent le seul recours au manque d'appétit.

30 cm.	450 l.
Caraïbes et Atlantique ouest.	Aucun.
Bonne.	Polychètes, chair de poissons, moules, coques et crevettes coupées en petits morceaux.
Timide.	Inconnue en aquarium.

Les poissons chauves-souris ont une morphologie très spécialisée. C'est une adaptation liée à leur mode de vie. Ils sont en effet totalement inféodés aux substrats meubles dans lesquels ils peuvent s'enfouir en cas de danger. Ils y trouvent aussi leur principale source de nourriture : les vers marins. Leur acclimatation en aquarium est extrêmement délicate car les animaux qui arrivent vivants dans les bacs des détaillants sont généralement dans un état sanitaire déplorable. De plus, ils sont difficiles à habituer à la nourriture inerte. Ils auront donc plutôt leur place dans un aquarium public où des spécialistes leur prodigueront tous les soins nécessaires. Ils ont besoin d'une vaste surface de substrat meuble. Ce sont des animaux timides qui ne peuvent cohabiter qu'avec des espèces très calmes, il est possible de les maintenir en groupe.

Opistognathus aurifrons

Opistognathe à tête jaune

Opistognathidae 37001

Difficulté

10 cm.	120 l.
De la Floride et des Bahamas, jusqu'à la Barbade et Venezuela.	Taches noires sous la mâchoire du mâle uniquement en période de reproduction.
Bonne.	Chair de poissons, moules, coques et crevettes.
Placide et sociable.	Réussie en aquarium.

Les *Opistognathus* spp. ont la particularité de vivre dans un terrier vertical, à l'intérieur duquel ils entrent à reculons. Ils se nourrissent d'invertébrés benthiques et planctoniques. *O. aurifrons* est le représentant du genre le plus souvent rencontré dans le commerce aquariophile. Il faut lui ménager un aquarium comportant une couche de sable d'au moins 10 cm, avec des fragments de roches qui servent à obturer l'entrée de la galerie pendant la nuit. Lors de la reproduction, les mâles rendent visite aux femelles dans leurs terriers. Les mâles pratiquent l'incubation buccale des œufs et, huit jours après la ponte, près d'un millier de larves éclosent. Il faut transférer ces alevins dans un bac d'élevage et les nourrir avec des rotifères enrichis et des microalgues (« eau verte »).

Acanthostracion quadricornis

Poisson-coffre gribouillé

38001 Ostraciidae

Difficulté

45 cm.	600 l.
Du Massachusetts, des Bermudes et du nord du golfe du Mexique au Brésil.	Aucun.
Non.	Chair de poissons, moules, coques et crevettes. Plusieurs distributions par jour.
Placide et sociable.	Inconnue en aquarium.

La peau des poissons-coffres sécrète de l'ostracitoxine, un poison violent qui les met à l'abri des prédateurs mais susceptible d'intoxiquer leurs voisins en aquarium. Veiller à ce qu'aucun animal n'importune les poissons-coffres et retirer immédiatement les Ostracidés mourants du bac communautaire.

Ce poisson-coffre est un hôte atypique des aquariums marins. *Acanthostracion quadricornis* est un poisson calme, plutôt maladroit dans les courants, qui pratique la nage stationnaire. Son allure débonnaire ne doit pas faire oublier sa taille adulte et il ne doit pas être hébergé dans des aquariums d'un volume inférieur à 240 litres (pour les juvéniles). Il se rencontre dans les herbiers marins et les zones rocailleuses de l'arrière récif qu'il parcourt à la recherche de sa nourriture constituée d'invertébrés sessiles : tuniciers, anémones, éponges, etc. En aquarium, il faut lui proposer un grand volume d'eau peu brassée et un substrat varié, couvert d'algues et de microfaune. Il est possible de le maintenir en couple ou en groupe dans de très gros aquariums.

Lactoria cornuta

Poisson-vache à longues cornes

Ostraciidae 38002

Difficulté

Le corps des poissons-coffres est entouré d'une carapace composée de plaques osseuses polygonales comportant des ouvertures pour les yeux, la bouche, les branchies, l'anus et les nageoires.

48 cm.

Du sud de la mer Rouge aux Marquises et aux Tuamotu, du sud de la Corée et du sud du Japon à Lord Howe.

Non.

Placide et sociable.

600 l.

Aucun.

Chair de poissons, moules, coques et crevettes, complément végétal. Plusieurs distributions par jour.

Inconnue en aquarium.

Lactoria cornuta est sans doute le poisson-vache le plus fréquemment rencontré dans les aquariums des détaillants. Il possède quatre cornes allongées, 2 sur la tête et 2 à l'arrière du corps. La coloration jaune vif des juvéniles est très attractive. Les adultes sont plus ternes et les cornes deviennent proportionnellement plus courtes. Ce poisson peuple les eaux calmes des mangroves, des herbiers et des lagons où il se nourrit d'invertébrés benthiques qu'il déterre d'un souffle d'eau. Il faut lui fournir un environnement calme, des pierres couvertes d'algues et de microfaune. Il peut cohabiter avec des poissons paisibles et avec ses propres congénères. Attention aux mouvements brusques, ce poisson peut se briser une ou plusieurs cornes en se cognant aux vitres ou au substrat lorsqu'il est effrayé.

Ostracion cubicus

Poisson-coffre jaune

38003 Ostraciidae

Difficulté

Post-larve

Attention à l'achat impulsif des juvéniles très attirants souvent vendus à une taille de 1 à 3 cm (voir photo). Il faut penser à leur taille adulte !

Il ne faut pas distribuer de nourritures flottantes aux poissons-coffres car l'ingestion d'air leur cause des problèmes de flottabilité. Préférer les granulés et les nourritures congelées.

45 cm.

De la mer Rouge aux Tuamotu, des Ryukyu au nord de la Nouvelle-Zélande, à lord Howe et Rapa, jusqu'à Hawaii.

Non.

Placide et timide.

600 l.

Aucun.

Chair de poissons, moules, coques et crevettes, complément végétal. Plusieurs distributions par jour.

Inconnue en aquarium.

Avec *Ostracion meleagris*, *O. cubicus* est le poisson-coffre le plus susceptible de produire de l'ostracitoxine. Il faut donc éviter les stress qui entraîneraient l'excrétion du poison. Cet animal requiert un environnement calme de type arrière-récif et lagon : une zone sableuse avec des massifs rocheux couverts d'algues et d'invertébrés. Les relations intraspécifiques sont généralement bonnes, ils supportent mal la concurrence alimentaire d'espèces vives. Sa taille adulte, rarement atteinte en aquarium, en fait un poisson à réserver aux grands volumes.

Ostracion meleagris

Poisson-coffre pintade

Ostraciidae 38004

Difficulté

17 cm.	450 l.
De l'Afrique de l'Est au Mexique, du sud du Japon et d'Hawaii à la Grande Barrière de Corail, la Nouvelle-Calédonie et Rapa.	Mâle : flancs bleus à pois jaunes, dos noir à pois blancs. Femelle : noire à pois blancs.
Non.	Chair de poissons, moules, coques et crevettes, complément végétal. Plusieurs distributions par jour.
Placide.	Inconnue en aquarium.

Dans la nature, le régime alimentaire des poissons-coffres est composé de crustacés, polychètes et mollusques, ils consomment également des algues et des phanérogames marines. Ils sont trop lents pour échapper aux tentacules des anthozoaires et leur peau ne supporte pas leurs urtications. Il convient d'éviter la cohabitation avec des invertébrés en aquarium. Le tégument qui recouvre la carapace osseuse est fragile et les blessures guérissent difficilement : il faut éviter toute lésion cutanée. *O. meleagris* est un poisson assez paisible qui peut vivre en couple, le dichromatisme sexuel permet d'associer les poissons sans trop de risque de se tromper. Il faut alors un volume minimum de 600 litres.
Maintenance similaire à *O. cubicus*.

Si l'acclimatation en aquarium est difficile, il conviendra de distribuer des artémias préalablement enrichies en vitamines. Les poissons-coffres sont sensibles aux maladies de peau et aux infections des yeux.

Pholidichthys leucotaenia

Blennie bagnard

39001 Pholidichthyidae

Difficulté

12 cm.	120 l.
Des Philippines et de l'Est de Bornéo à la Papouasie-Nouvelle-Guinée et aux Salomon, jusqu'aux Flores au sud.	Aucun.
Bonne (sous réserves).	Chair de poissons, moules, coques et crevettes.
Timide.	Obtenue en aquarium.

Ce poisson au corps allongé passe le plus clair de son temps à creuser des galeries. Pour cette raison, il lui faut un aquarium pourvu d'une généreuse couche de sable et dont le décor rocheux est posé directement sur la vitre du fond. C'est un poisson robuste qui s'acclimate sans problème à la captivité. Sa reproduction a déjà été obtenue en aquarium. Les œufs sont pondus dans les cavités souterraines ; des jeunes complètement formés en sortent quelque temps après. Les juvéniles ont un comportement et un patron de coloration qui imitent le poisson-chat venimeux *Plotosus lineatus* et dissuadent ainsi les prédateurs.

Les relations intraspécifiques sont pacifiques, cette blennie peut vivre en groupe. Elle ignore les invertébrés à l'exception des crevettes qui figurent à son menu.

Parapercis cylindrica

Perche de sable, poisson-crocodile à bandes

Pinguipedidae 40001

Difficulté

Taille	15 cm.	Volume	450 l.
Répartition	Des Maldives aux Fidji, des Ryukyu à Lord Howe.	Dimorphisme	Aucun.
Maintenance	Bonne (sous réserves).	Alimentation	Poissons, crevettes, moules et coques.
Comportement	Prédateur vorace.	Reproduction	Inconnue en aquarium.

Parmi les chasseurs du lagon et des herbiers de phanérogames, le genre *Parapercis* est un des plus redoutables. Ces petits poissons à l'allure allongée, dont la coloration n'est guère différente de celle de leur environnement, se tiennent à l'affût des petits poissons et crustacés qui pourraient passer à proximité de leur grande bouche. *P. cylindrica* doit donc être hébergé avec des compagnons plus gros que lui. Il faut éviter la cohabitation avec des congénères sous peine de combats, et avec des crevettes qui seraient immédiatement dévorées. L'acclimatation peut se révéler délicate si on ne fournit pas de proies vivantes pour commencer. Par la suite, on peut distribuer de la nourriture congelée, y compris des petits poissons de type éperlans.

Assessor flavissimus

Comète jaune

41001 Plesiopidae

Difficulté

7 cm.	96 l.
Nord de la Grande Barrière de Corail.	Aucun.
Bonne.	Chair de poissons, moules, coques et crevettes.
Plutôt timide.	Inconnue en aquarium.

A. flavissimus et *A. macneilli*, sont de jolis petits poissons. Robustes, ils sont parfaits pour un aquarium récifal communautaire dépourvu de gros prédateurs. Cependant, ce sont des poissons timides qui préfèrent la pénombre d'un surplomb à la pleine lumière des substrats découverts du récif. Pour reproduire ce mode de vie en aquarium et avoir l'occasion de contempler *A. flavissimus*, il faut reconstituer un surplomb et privilégier un éclairage tamisé, à dominante bleue. Dans un aquarium récifal classique, ce poisson passera le plus clair de son temps sous le décor rocheux pour ne sortir qu'en de rares occasions, surtout au moment de la distribution de nourriture. Les relations intraspécifiques sont bonnes, ce poisson peut vivre en groupe. Les *Assessor* spp. sont des incubateurs buccaux, leur reproduction n'a pas encore été obtenue en aquarium. Seuls quelques frais ont été observés.

Calloplesiops altivelis

Comète à grandes nageoires

Plesiopidae 41002

Difficulté

18 cm.	450 l.
De la mer Rouge aux îles de la Ligne, du sud du Japon à la Grande Barrière de Corail et aux Tonga.	Aucun.
Bonne sauf crevettes.	Chair de poissons, moules, coques et crevettes.
Plutôt timide.	Réussie en aquarium.

C. altivelis est connu depuis des décennies et sa robe marron à noir mouchetée de blanc en fait un poisson prisé des aquariophiles. Comme *Assessor flavissimus*, il préfère les grottes et les surplombs à la pleine eau. Il faut donc lui fournir ce genre de gîte en aquarium. Une grotte aménagée avec des pierres vivantes suffit pour un adulte ou un couple, les poissons stationnant à l'entrée de leur repaire toute la journée. C'est un poisson calme, il peut néanmoins chasser les crevettes et les petits poissons. Sa reproduction a été obtenue en aquarium. Le mâle s'occupe des œufs qui sont pondus sur une roche. Plusieurs centaines de larves sont produites à chaque ponte. Il faut nourrir ces larves avec des rotifères enrichis, des microalgues, selon la technique de « l'eau verte ».

Plotosus lineatus

Poisson-chat rayé

42001 Plotosidae

Difficulté

18 cm.	600 l.
De la mer Rouge aux Samoa, de la Corée du Sud à Lord Howe.	Aucun.
Non.	Chair de poissons, moules, coques et crevettes, complément végétal.
Non agressif.	Inconnue en aquarium.

Alors que les aquariophiles d'eau douce peuvent choisir parmi une multitude d'espèces, les aquariophiles marins n'ont qu'une seule espèce de poisson-chat à leur disposition : *Plotosus lineatus*. Un groupe de juvéniles est spectaculaire à regarder dans un aquarium car les individus vont en rangs serrés et forment une masse compacte qui dissuade les prédateurs. Une fois adulte, ce poisson est beaucoup moins attractif. Il devient solitaire, sa coloration vire au gris et son appétit est énorme ! De plus, c'est un animal venimeux qu'il faut manipuler avec précautions. Autant dire que c'est une espèce qu'il faut réserver aux inconditionnels des poissons-chats et héberger dans un très gros aquarium.

Apolemichthys trimaculatus

Ange à trois taches

Pomacanthidae 43001

Difficulté

Jusqu'à 25 cm.	450 l.
Océan Indien, Pacifique ouest et central jusqu'aux Samoa.	Aucun.
Non.	Artémias, mysis, vers de vase, chair de crevettes et de moules, néréis, granulés, algues, légumes hachés et pochés.
Agressif avec les membres de son espèce.	Inconnue en aquarium.

Dans la nature, *Apolemichthys trimaculatus* se nourrit essentiellement d'éponges, de tuniciers et d'algues filamenteuses qu'il recherche sur les tombants récifaux où il implante son territoire. Malgré ce régime plutôt spécialisé, il s'habitue assez facilement aux aliments de substitution. Au début, il n'accepte souvent que des moules crues ouvertes, posées sur le fond ou suspendues à un fil, mais goûte rapidement à tout. Les juvéniles se distinguent des adultes, en particulier par des lèvres jaunes, une barre noire reliant l'œil à la tache frontale et une tache noire à la base de la partie postérieure de la dorsale. Les relations interspécifiques sont généralement bonnes, l'ange à trois taches est néanmoins parfois irritable, en particulier avec les nouveaux venus.

Apolemichthys xanthotis

Ange arabe

43002 Pomacanthidae

Difficulté

Jusqu'à 15 cm.

De la mer Rouge au golfe Persique.

Non.

Pacifique sauf avec les membres de son espèce et des espèces proches.

450 l.

Aucun.

Artémias, mysis, vers de vase, chair de crevettes et de moules, néréis, granulés, algues, légumes hachés et pochés.

Inconnue en aquarium.

Voici un poisson peu commun et très séduisant. Sa robe, en apparence terne, est riche de nuances délicates. Le juvénile, plus contrasté que l'adulte, évoque un *Chaetodontoplus mesoleucus* miniature : plage sombre postérieure étendue vers l'avant, museau jaune, large barre noire cachant l'œil. D'un comportement calme et tolérant sans être timide, l'ange arabe s'acclimate sans difficulté majeure à la captivité. Les moules crues ouvertes sont généralement très vite acceptées, suivies bientôt des autres aliments usuels qu'il aimera rechercher sur le substrat.

Centropyge acanthops

Centropyge africain

Pomacanthidae 43003

Difficulté

Jusqu'à 8 cm.

Ouest de l'océan Indien, golfe d'Oman compris.

Aléatoire.

Pacifique sauf avec les membres de son espèce.

240 l.

Aucun.

Artémias, mysis, vers de vase, chair de crevettes et de moules, granulés, algues, épinards hachés.

Inconnue en aquarium.

On croirait un Pomacentridé, mais c'est bien un Pomacanthidé comme le prouve l'épine operculaire. *C. acanthops* est un hôte de choix pour les aquariums de toute taille. On le préconise même pour les bacs récifaux ; mais la prudence est alors de rigueur car il est toujours possible qu'il prenne goût à certains habitants précieux, coraux ou bénitiers. Dans la nature, on observe fréquemment des petits groupes occupés à fouiller les roches couvertes d'algues. Il s'agit probablement d'un mâle et de son harem. Étant donné la petite taille de ces poissons, on peut tenter d'en maintenir plusieurs dans un grand bac en jouant sur leur hermaphrodisme : parmi un lot de juvéniles introduits simultanément, un seul deviendra mâle.

Hermaphrodisme

Les Pomacanthidés sont des hermaphrodites protogynes : ils naissent femelles et peuvent devenir mâles ensuite. Toutefois, chez *C. acanthops*, le phénomène est réversible.

Centropyge argi

Centropyge à tête jaune

43004 Pomacanthidae

Difficulté

Jusqu'à 8 cm.	240 l.
Caraïbes, de la Floride au Venezuela.	Mâles plus grands.
Oui avec prudence.	Algues, épinards, légumes hachés et pochés, artémias, mysis, vers de vase, chair de crevettes et de moules, granulés.
Pacifique sauf avec les membres de son espèce.	Ponte observée en aquarium.

Centropyge argi est l'espèce la plus répandue de ce genre dans la zone caraïbe. Elle aime les zones d'éboulis profonds (au-delà de 30 m) dans lesquels elle se faufile discrètement. Elle se nourrit essentiellement de matières végétales, en particulier d'algues filamenteuses, ce qui en fait un hôte bienvenu en aquarium. Elle est aussi réputée être le centropyge le moins problématique en bac récifal. Eile ne présente pas de difficulté d'acclimatation mais, d'un naturel timide, souffre de la concurrence avec les poissons très vifs au moment du nourrissage. Il faut donc lui choisir des compagnons calmes.

Centropyge bicolor

Centropyge-loriot

Pomacanthidae 43005

Difficulté

Jusqu'à 15 cm.	450 l.
Océan Indien, Pacifique ouest et central jusqu'aux Samoa.	Aucun.
Trop variable pour être tentée.	Algues, épinards, légumes hachés et pochés, artémias, mysis, vers de vase, chair de crevettes et de moules, granulés.
Pacifique sauf avec les membres de son espèce	Ponte et éclosion observées en aquarium.

Cette espèce spectaculaire est parfois délicate à acclimater. L'idéal est de lui offrir un environnement calme constitué de roches vivantes abondamment couvertes d'algues filamenteuses, empilées pour former de nombreuses cachettes. Elle se nourrira d'abord furtivement sur les roches et, à mesure qu'elle s'apprivoisera, elle acceptera les aliments de substitution. Ce n'est que lorsqu'elle viendra familièrement aux distributions de nourriture qu'elle pourra être transférée dans l'aquarium communautaire. Elle se révélera alors robuste et sans timidité face à ses compagnons.

Centropyge bispinosus

Centropyge à deux épines

43006 Pomacanthidae

Difficulté

Jusqu'à 10 cm.	240 l.
Océan Indien, Pacifique ouest et central jusqu'aux Tuamotu.	Aucun.
Uniquement dans un grand bac et sous réserves.	Algues, épinards, légumes hachés et pochés, artémias, mysis, vers de vase, chair de crevettes et de moules, granulés.
Pacifique sauf avec les membres de son espèce.	Inconnue en aquarium.

Pour peu qu'on lui offre environnement sécurisant de roches vivantes couvertes d'algues, *Centropyge bispinosus* s'acclimatera sans difficultés et acceptera rapidement les aliments de substitution usuels. L'espèce a une aire de répartition très vaste dans laquelle on peut la trouver sous de nombreuses colorations.

Sur un même motif de striures verticales sombres, le violet peu s'étendre plus ou moins, allant jusqu'à escamoter les teintes jaune orangé ou à leur céder presque totalement la place. Ces variations semblent plus liées aux individus, aux biotopes et aux profondeurs qu'aux localités. Maintenance : voir *C. bicolor*.

Centropyge eibli

Centropyge grillé

Pomacanthidae 43007

Difficulté

Jusqu'à 15 cm.	240 l.
Du golfe du Bengale au nord-ouest de l'Australie.	Aucun.
À éviter.	Algues, épinards, légumes hachés et pochés, artémias, mysis, vers de vase, chair de crevettes et de moules, granulés.
Pacifique sauf avec les membres de son espèce.	Inconnue en aquarium.

Ce centropyge à la robe très élégante ne présente pas de difficulté notable à l'acclimatation et s'avère un hôte de choix pour l'aquarium communautaire. Les *Acanthurus tristis* juvéniles miment sa forme, ses couleurs et son comportement. Il semble que cela leur assure un certain respect de la part d'habitants du récif contre lesquels leurs scalpels, encore embryonnaires, seraient une bien faible défense. Seul le centropyge n'est pas dupe et, bien qu'il soit territorial, il est possible de faire cohabiter le mime et son modèle en aquarium. Là où leurs aires de répartition se chevauchent, des hybrides naturels entre *C. eibli* et *C. vroliki* sont connus. Leurs besoins ne diffèrent vraisemblablement pas.

Centropyge ferrugatus

Centropyge rouillé

43008 Pomacanthidae

Difficulté

Il est possible de maintenir plusieurs espèces de centropyges à la seule condition que leurs robes soient très différentes. *C. ferrugatus*, *C. loriculus*, et *C. bispinosus* sont par exemple, trop semblables.

Jusqu'à 10 cm.

Du sud du Japon aux Philippines.

À éviter.

Pacifique sauf avec les membres de son espèce.

240 l.

Les individus aux nageoires bordées de bleu seraient des mâles.

Algues, épinards, légumes hachés et pochés, artémias, mysis, vers de vase, chair de crevettes et de moules, granulés.

Inconnue en aquarium.

La robe de ce joli centropyge est variable : si la ponctuation sombre des flancs est stable, la couleur de fond va du crème au rouge intense. Dans la nature, l'espèce fréquente les milieux rocheux et coralliens couverts d'algues, où elle recherche les filamenteuses qui constituent la base de son alimentation. C'est l'aliment le plus appétent, lors de son acclimatation comme par la suite, ce qui en fait un hôte bienvenu dans l'aquarium infesté de ces indésirables. Le centropyge rouillé reste toutefois omnivore et apprécie les aliments de substitution usuels.

Centropyge fisheri

Centropyge de Fisher

Pomacanthidae 43009

Difficulté

Jusqu'à 6 cm.	240 l.
Îles Hawaii.	Aucun.
Sous réserves.	Algues, épinards, légumes hachés et pochés, artémias, mysis, vers de vase, chair de crevettes et de moules, granulés.
Pacifique sauf avec les membres de son espèce.	Inconnue en aquarium.

Centropyge fisheri est remplacé à l'ouest d'Hawaii et jusqu'à l'Afrique de l'Est par *C. flavicauda*. Cette espèce, souvent considérée comme simple variation et synonyme de la première, diffère par une taille maximale un peu supérieure et une robe entièrement bleu sombre, à l'exception de la caudale jaune pâle. Le centropyge d'Hawaii est un des plus petits membres du genre. À ce titre, il est envisageable de maintenir un groupe dans un grand aquarium, pour peu qu'il soit introduit immature et en une seule fois. Toutefois, si l'espèce n'est délicate, ni à acclimater, ni à maintenir dans les conditions habituelles pour les centropyges, elle reste très discrète et passe le plus clair de son temps à l'abri des regards.

La compatibilité entre les centropyges et les invertébrés est une notion très délicate. Si certaines espèces les respectent, d'autres les importunent en picorant coraux, bénitiers et vers tubicoles. De plus, ce comportement diffère totalement d'un individu à l'autre au sein d'une même espèce. On peut toutefois constater que plus l'aquarium est grand, moins la pression exercée sur les coraux par le poisson est forte. Avant d'introduire un centropyge en aquarium récifal, ayez toujours à l'esprit qu'il faudra peut-être le repêcher, et ce n'est pas une partie de plaisir !

Centropyge flavissimus

Centropyge citron

43010 Pomacanthidae

Difficulté

Jusqu'à 14 cm.	450 l.
Océan Pacifique ouest et central jusqu'aux Marquises.	Aucun.
À éviter.	Algues, salade, épinards, légumes hachés et pochés, artémias, mysis, vers de vase, chair de crevettes et de moules, granulés.
Pacifique sauf avec ses congénères et poissons semblables.	Inconnue en aquarium.

Ce magnifique centropyge est encore plus beau au stade juvénile : à la robe de l'adulte s'ajoute un ocelle bleu à centre noir au milieu du flanc. La population isolée des îles Christmas et Cocos pourrait être une espèce distincte. Son acclimatation est aisée si on lui offre d'emblée son menu préféré : les algues filamenteuses. Cela en fait un auxiliaire précieux pour les aquariums envahis par ces végétaux. Toutefois, il ne convient pas en bac récifal car il risque fort de picorer coraux et bénitiers s'il ne dispose plus de suffisamment d'algues à brouter. C'est un poisson paisible, il peut néanmoins développer une certaine agressivité envers les centropyges et les poissons de morphologie similaire à couleur dominante jaune.

Centropyge loriculus

Centropyge feu

Pomacanthidae 43011

Difficulté

Jusqu'à 10 cm.

Micronésie, Mélanésie, Polynésie, Hawaii.

Généralement bonne dans un grand bac

Pacifique sauf avec les membres du genre.

240 l.

Les mâles ont généralement des marques bleues plus prononcées.

Algues, épinards, légumes hachés et pochés, artémias, mysis, vers de vase, chair de crevettes et de moules, granulés.

Réussie en aquaculture.

Centropyge loriculus est l'espèce de tous les superlatifs : c'est sans conteste la plus spectaculaire et la plus convoitée, mais aussi une des plus chères et des plus faciles à acclimater. C'est un omnivore qui accepte facilement tous les aliments qu'on lui propose, tant végétaux qu'animaux. Les plus beaux sujets captifs sont, d'ailleurs, ceux qui disposent d'une alimentation très diversifiée. Dans un aquarium d'au moins 600 l pourvu de nombreuses cachettes, il est possible de maintenir un couple ou un trio, à condition d'introduire le lot au stade juvénile en une fois. En grandissant, seul l'un d'entre eux deviendra mâle, ce qui évitera les conflits.

Il est fréquent d'obtenir la parade puis la ponte de certaines espèces de centropyges, pourvu que la qualité de l'eau soit irréprochable et que le volume du bac soit suffisant pour accueillir plusieurs spécimens. Les deux partenaires pondent en pleine eau en virevoltant vers la surface. La ponte et les larves ont été obtenues pour *C. argi* et *C. resplendens*, elles ont été élevées pour *C. bicolor* et *C. loriculus*. La reproduction de cette dernière espèce est entièrement dominée en aquaculture.

Centropyge potteri

Centropyge de Potter

43012 Pomacanthidae

Difficulté

Jusqu'à 10 cm.	240 l.
Hawaii.	Aucun.
Non.	Algues, épinards, légumes hachés et pochés, artémias, mysis, vers de vase, chair de crevettes et de moules, granulés.
Pacifique sauf avec les membres de son espèce.	Inconnue en aquarium.

Ce très joli centropyge endémique d'Hawaii fréquente les récifs assez profonds (plus de 10 m) offrant de multiples anfractuosités. Il y mène une existence furtive, passant rapidement d'un refuge à un autre en broutant au passage quelques algues et autres petits organismes. En aquarium, il sera aussi discret, en particulier si son environnement est très fortement éclairé. Ce n'est pas une espèce spécialement délicate mais, comme tous les poissons originaires de contrées lointaines, elle doit subir plus de transports et de manipulations avant d'arriver dans nos bacs que ceux venant des Caraïbes ou de mer Rouge. Elle en sera, par conséquent, plus affectée et nécessitera des soins proportionnellement plus attentifs lors de son acclimatation.

Centropyge resplendens

Centropyge de l'Ascension

Pomacanthidae 43013

Difficulté

Jusqu'à 6 cm.

Endémique de l'île de l'Ascension.

Oui (sous réserves).

Pacifique.

240 l.

Les mâles ont plus de jaune à la nageoire anale.

Algues, épinards, légumes hachés et pochés, artémias, mysis, vers de vase, chair de crevettes et de moules, granulés.

Ponte observée en aquarium, l'élevage des larves est encore un échec.

C. resplendens est très rare dans le commerce : endémique de l'Ascension, petite île perdue au centre de l'Atlantique, il n'est qu'exceptionnellement importé. De ce fait, les connaissances concernant sa maintenance sont incomplètes. On sait que l'espèce peut être maintenue avec des congénères dans de très grands bacs (1000 l) mais on ignore quel est le comportement intraspécifique dans un volume plus restreint.

Quant à la compatibilité avec les invertébrés, elle est généralement assez bonne. Attention tout de même aux vers tubicoles et aux tridacnes. *C. resplendens* ne pose pas de problèmes d'acclimatation ni de maintenance et sa petite taille le destine aux aquariums modestes. Il est paisible, moins furtif que la plupart des autres membres du genre et ne craint pas la cohabitation avec d'autres poissons pacifiques.

Chaetodontoplus duboulayi

Ange australien

43014 Pomacanthidae

Difficulté

Jusqu'à 28 cm.

Nord de l'Australie et sud de la Nouvelle-Guinée.

Non.

Pacifique sauf avec les pomacanthes similaires.

600 l.

Aucun.

Algues, épinards, légumes hachés et pochés, artémias, mysis, vers de vase, chair de crevettes, moules, néréis, granulés.

Inconnue en aquarium.

Chaetodontoplus duboulayi n'est qu'occasionnellement disponible car peu d'exportateurs travaillent dans sa zone d'origine. C'est dommage car sa robe est magnifique et originale. De plus, c'est un des poissons-anges les moins difficiles. Dans la nature, il se nourrit d'algues, d'éponges et de tuniciers mais accepte rapidement les nourritures de substitution, en particulier les moules crues ouvertes. En aquarium, il participe activement à la lutte contre les algues. Il est indispensable de lui offrir une cavité sombre dans laquelle il aimera se réfugier. À sa réception, il sera prudent de lui administrer un bain d'eau douce que l'on renouvellera de semaine en semaine jusqu'à disparition complète des vers monogènes dont il est fréquemment infesté.

Genicanthus lamarck

Génicanthe de Lamarck

Pomacanthidae 43015

Difficulté

Jusqu'à 23 cm.	450 l pour un individu, 1000 l pour trois.
Pacifique ouest jusqu'aux Vanuatu à l'est.	Voir encadré.
Oui.	Artémias, mysis, vers de vase, chair de crevettes et de moules, néréis, granulés, algues, légumes hachés et pochés.
Pacifique et sociable sauf entre mâles.	Ponte observée en aquarium.

Cette espèce planctophage forme des groupes importants qui stationnent au-dessus des pentes récifales exposées aux courants. Elle passe la journée à nager activement, en captivité, elle a besoin d'un grand espace pour ses évolutions et de nombreuses cachettes où se réfugier la nuit. Elle n'est pas difficile et acceptera rapidement les aliments usuels qu'elle saisira en pleine eau ou sur le fond. Si l'on dispose d'un très grand bac, il est préférable de constituer un harem, éventuellement à partir de jeunes femelles dont une deviendra mâle. Dans ces conditions, on pourra observer l'accouplement : le mâle parade avec plusieurs femelles mais la ponte et la fécondation se font en couple.

Dichromatisme sexuel

Mâle : lignes des flancs égales, pelviennes noires, filaments caudaux blancs, bases des pectorales bleues, tache jaune sur la nuque.

Femelle : ligne supérieure épaissie, pelviennes blanches, filaments caudaux noirs, pas de bleu ni de jaune.

Genicanthus melanospilos

Génicanthe zébré

43016 Pomacanthidae

Difficulté

Femelle

Dichromatisme sexuel

Mâle : corps bleuté zébré de noir, caudale jaunâtre, tache noire sur la gorge.
Femelle : corps dégradé verticalement du jaune au bleu pâle, caudale bordée de noir.

Jusqu'à 18 cm.

Pacifique ouest jusqu'aux Fidji à l'est.

Oui.

Pacifique et sociable sauf entre mâles.

600 l pour un couple.

Voir encadré.

Artémias, mysis, vers de vase, chair de crevettes et de moules, néréis, granulés, algues, légumes hachés et pochés.

Inconnue en aquarium.

Le génicanthe zébré est une des plus fréquentes et des plus jolies espèces. Dans la nature, elle évolue, en couple ou en petit harem, à quelques mètres au-dessus du pied des pentes récifales externes, à la recherche du plancton apporté par les courants du large. En aquarium, elle ne pose pas de problème d'acclimatation ni de maintenance si elle dispose d'un grand volume de nage et de refuges nocturnes. Les mâles étant plus rares et coûteux, on peut former un couple avec une paire de femelles : une des deux deviendra mâle.

Comme tous les génicanthes, *G. melanospilos* est un poisson parfaitement adapté à l'aquarium récifal.

Genicanthus watanabei

Génicanthe de Watanabé

Pomacanthidae 43017

Difficulté

Femelle

- Jusqu'à 15 cm.
- De Taiwan et du sud du Japon aux Tuamotu.
- Oui.
- Pacifique et sociable sauf entre mâles.
- 600 l pour un trio.
- Voir encadré.
- Artémias, mysis, vers de vase, chair de crevettes et de moules, néréis, granulés, algues, légumes hachés et pochés.
- Inconnue en aquarium.

Dichromatisme sexuel

Mâle : dos bleu, flancs rayés noir et blanc, ligne jaune en avant de la caudale.

Femelle : corps bleuté, marques noires sur le front et le museau.

Genicanthus watanabei est la plus petite espèce du genre. Elle constitue des bancs mixtes, parfois importants, en pleine eau dans les zones de courant violent aux abords des récifs. Elle s'acclimate sans difficulté aux conditions de la captivité mais demande beaucoup d'espace pour nager et apprécie la maintenance en couple ou en trio. Cette espèce semble craindre la lumière vive et appréciera un bac récifal d'eau profonde. Comme pour les autres génicanthes, on peut obtenir un mâle à partir d'un lot de juvéniles ou de femelles (espèces hermaphrodites protogynes).

Holacanthus ciliaris

Ange royal

43018 Pomacanthidae

Difficulté

Juvénile

Jusqu'à 45 cm.	1000 l.
Caraïbes, du Mexique et de la Floride au Brésil.	Aucun
Non.	Chair de crevettes et de moules, néréis, granulés, artémias, mysis, vers de vase, algues, légumes hachés et pochés, etc.
Pacifique.	Inconnue en aquarium.

L'ange royal doit son nom à la couronne bleue de son front, mais il le mériterait sans cela tant sa robe est somptueuse et son allure élégante. Le régime naturel de l'adulte est majoritairement composé d'éponges. Le juvénile, de robe très différente, complète son menu de parasites qu'il picore sur de plus gros poissons. En captivité, il faut leur fournir la nourriture la plus variée pour couvrir au mieux leurs besoins nutritionnels. Heureusement, l'espèce n'est pas difficile et apprécie toutes sortes d'aliments. En lui offrant, en plus, de l'espace et des compagnons paisibles, toutes les conditions seront requises pour qu'elle développe toute sa beauté. L'ange royal ne manifeste aucune agressivité sauf avec les grands Pomacanthidés et les nouveaux venus.

Holacanthus passer

Ange à étole

Pomacanthidae 43019

Difficulté

Jusqu'à 35 cm.

Du golfe de Californie au Pérou et aux Galápagos.

Non.

Assez calme.

1000 l.

Le mâle aurait les pelviennes jaunes (blanches chez la femelle).

Chair de crevettes et de moules, néréis, granulés, artémias, mysis, vers de vase, algues, légumes hachés et pochés, etc.

Inconnue en aquarium.

Bien qu'ils vivent chacun d'un côté de l'isthme de Panama, *Holacanthus passer* et *H. ciliaris* sont très semblables sur bien des points. Les adultes diffèrent essentiellement par la coloration mais les juvéniles ont une robe similaire. Les deux espèces ont un régime alimentaire comparable et leurs besoins aquariologiques sont semblables. Les jeunes partagent le comportement de déparasitage de poissons plus gros. Toutefois, les femelles *H. passer*, reconnaissables à leurs pelviennes, défendent vivement un territoire de ponte durant la période annuelle de frai, ce comportement semble inconnu de l'espèce caraïbe. Les mœurs sont pacifiques, sauf avec les grands Pomacanthidés et les nouveaux venus.

Holacanthus tricolor

Ange tricolore

43020 Pomacanthidae

Difficulté

Jusqu'à 35 cm	1000 l.
Atlantique ouest, de la Géorgie et du Mexique au Brésil.	Aucun.
Non.	Bivalves crus ouverts, chair de crevettes et de moules, néréis, granulés, artémias, mysis, vers de vase, algues, légumes hachés et pochés, etc.
Pacifique sauf avec les grands Pomacanthidés.	Inconnue en aquarium.

Holacanthus tricolor est l'espèce la plus commune du genre aux Antilles. Son régime alimentaire est essentiellement composé d'éponges, de tuniciers, de cnidaires et d'algues supérieures. À l'acclimatation, il est parfois réticent face aux nourritures de substitution. Mais, en général, il se laisse tenter par les bivalves crus, ouverts et posés sur le sol, puis accepte les autres aliments usuels.

Jusqu'à la taille de 3 cm environ, le juvénile, souvent associé aux coraux de feu (*Millepora* spp.), a la même robe que le jeune *Centropyge flavissimus*. Ensuite, le noir de l'ocelle s'étend progressivement jusqu'à couvrir la presque totalité du flanc chez l'adulte.

Paracentropyge multifasciatus

Centropyge-zèbre

Pomacanthidae 43021

Difficulté

Jusqu'à 11 cm.	240 l.
Est de l'océan Indien, Pacifique ouest et central jusqu'aux îles de la Société.	Aucun.
Non.	Copépodes, artémias, mysis, chair de crevettes et de moules, granulés, algues, épinards hachés.
Timide, mais agressif envers ses congénères et les poissons d'aspect similaire.	Inconnue en aquarium.

Cette espèce vit dans les crevasses et les cavernes des pentes récifales externes, souvent en profondeur. En aquarium, elle demande des refuges obscurs et une température inférieure à 25°C. Dans ces conditions, elle accepte rapidement les microcrustacés et broute volontiers les roches vivantes. Par la suite, elle consomme toutes les nourritures usuelles adaptées à la petite taille de sa bouche. Une fois bien acclimatée, elle perd de sa timidité et s'éloigne plus fréquemment et plus longtemps de ses cachettes. Toutefois, elle reste farouche et se précipite à l'abri à la moindre alerte pour ressortir sitôt qu'elle a constaté l'absence de danger.

Pomacanthus annularis

Ange à anneaux

43022 Pomacanthidae

Difficulté

Jusqu'à 45 cm.	1500 l.
Afrique de l'Est et de l'Inde au Japon et aux Salomon.	Aucun.
Non.	Moules crues et cuites, néréis, crevettes, granulés, artémias, mysis, vers de vase, algues, légumes hachés et pochés.
Pacifique sauf envers ses congénères et autres grands Pomacanthidés.	Inconnue en aquarium.

Voici un poisson-ange impressionnant, beau et robuste, pourtant souvent négligé par les heureux possesseurs de grands aquariums. Peut-être est-ce dû au fait qu'il aime rester à l'ombre de surplombs. L'espèce tient son nom de l'anneau bleu que l'adulte porte au-dessus de l'épaule. Son régime naturel est éclectique : éponges, tuniciers, mais aussi algues et zooplancton, ce qui permet de l'habituer facilement aux aliments usuels. Toutefois, la règle vaut ici encore : les juvéniles sont plus adaptables que les subadultes. Certains grands individus développent un filament sur la nageoire dorsale. Il ne semble pas que ce soit un caractère sexuel.

Pomacanthus asfur

Ange demi-lune, asfur

Pomacanthidae 43023

Difficulté

Jusqu'à 40 cm.	1000 l.
Mer Rouge et golfe d'Aden.	Aucun.
Non.	Moules crues et cuites, néréis, crevettes, granulés, artémias, mysis, vers de vase, algues, légumes hachés et pochés.
Pacifique sauf avec les grands Pomacanthidés.	Ponte observée en aquarium.

On a longtemps cru que *Pomacanthus asfur* se distinguait des autres espèces du genre par l'absence d'un stade juvénile à robe distincte. On sait maintenant que ce n'est pas le cas mais que la métamorphose est très précoce et brève. On peut donc acheter un asfur de 6-8 cm ayant déjà la morphologie et les couleurs de l'adulte, ce qui permet de maintenir ce joyau dans un petit aquarium. Toutefois, même si sa croissance est très lente, il faudra veiller à ne pas la brider en le condamnant à un petit volume ! Comme tous les poissons-anges, cette espèce recherche les éponges et les tuniciers. Elle est pourtant assez opportuniste pour s'adapter facilement aux aliments de substitution. La reproduction de *P. asfur* est maîtrisée en aquaculture.

Pomacanthus imperator

Impérator, ange-empereur

43024 Pomacanthidae

Difficulté

Juvénile

Post-larve

- Jusqu'à 40 cm.
- Mer Rouge, océan Indien, Pacifique ouest et central jusqu'à Hawaii et aux Tuamotu.
- Non.
- Pacifique sauf avec les grands Pomacanthidés.
- 1000 l.
- Aucun.
- Moules, néréis, crevettes, granulés, artémias, mysis, vers de vase, algues, salade, épinards, légumes hachés et pochés.
- Inconnue en aquarium.

Pomacanthus imperator est une des stars de l'aquariophilie marine. Il est très beau, guère difficile à acclimater et s'avère ensuite robuste et d'une grande longévité. C'est la seule espèce du genre dont la robe du juvénile présente des anneaux concentriques. La métamorphose, progressive, a lieu alors que le poisson mesure entre 8 et 15 cm. Les jeunes sont adaptables et mangent assez facilement en captivité. Ils sont souvent d'abord attirés par les artémias vivantes et les moules crues ouvertes, mais ils acceptent rapidement d'autres aliments. Les adultes ont la particularité d'émettre des craquements sonores très puissants lorsqu'ils sont perturbés.

Pomacanthus maculosus

Ange géographe

Pomacanthidae 43025

Difficulté

Jusqu'à 50 cm.	1000 l.
Mer Rouge, golfe d'Aden, mer d'Oman, golfe Persique, Afrique de l'Est.	Aucun.
Non.	Moules, néréis, crevettes, granulés, artémias, mysis, vers de vase, algues, salade, épinards, légumes hachés et pochés.
Pacifique sauf avec les grands Pomacanthidés.	Ponte observée en aquarium.

Pomacanthus maculosus n'est pas la plus belle espèce du genre, mais elle est facile à acclimater et à maintenir et ne fait preuve d'aucune timidité. C'est la première à faire l'objet, en Asie, d'une production aquacole. Les jeunes qui en sont issus sont, bien sûr, totalement adaptés à la captivité.

Comme chez tous les grands Pomacanthidés de l'océan Indien et du Pacifique ouest, le juvénile a une robe très distincte de celle de l'adulte, composée de fines barres arquées bleues ou blanches sur un fond presque noir. La métamorphose est lente : elle débute à la taille de 6-8 cm et est accomplie vers 12-15 cm de longueur.

Pomacanthus navarchus

Ange amiral

43026 Pomacanthidae

Difficulté

Jusqu'à 28 cm.	1000 l.
Archipel indo-australien.	Aucun.
Non.	Moules, néréis, crevettes, granulés, artémias, mysis, vers de vase, algues, salade, épinards, légumes hachés et pochés.
Pacifique sauf avec les membres de son espèce.	Inconnue en aquarium.

Malgré un régime alimentaire axé essentiellement, comme chez la plupart des grands Pomacanthidés, sur les éponges, les tuniciers et les algues, cette magnifique espèce est facile à acclimater. Le juvénile, dont la métamorphose s'effectue à la taille de 5 à 8 cm, accepte généralement d'emblée les aliments qu'on lui présente, en particulier les épinards hachés et les moules crues ouvertes. Sa croissance est lente mais il est robuste. Plutôt timide, il craint la cohabitation avec de grandes espèces vives et doit disposer de refuges. Il peut également se monter agressif envers les grands Pomacanthidés. Toutefois, ses vrais défauts sont sa rareté sur le marché et, par conséquent, son prix élevé.

Pomacanthus paru

Ange français, parou

Pomacanthidae 43027

Difficulté

- Jusqu'à 40 cm.
- De la Floride et du Mexique au Brésil.
- Non.
- Pacifique sauf avec les membres de son espèce ou d'espèces d'aspect similaire.
- 1000 l.
- Aucun.
- Moules, néréis, crevettes, granulés, artémias, mysis, vers de vase, algues, salade, épinards, légumes hachés et pochés.
- Inconnue en aquarium.

Pomacanthus paru est facile à acclimater. Communément vendu au stade juvénile, à un prix souvent attractif, il est alors doté d'une magnifique robe noir profond avec cinq barres jaune vif et son comportement de déparasiteur est des plus intéressants.

Malheureusement, ces caractères disparaissent rapidement à mesure de sa croissance. À 20 cm de longueur, il présente la robe bien moins spectaculaire de l'adulte. L'aquariophile insuffisamment informé, déçu et angoissé par le développement de la bête, cherche alors désespérément à s'en débarrasser. Il mérite pourtant plus de considération : ceux qui lui offriront un volume à sa mesure seront récompensés par son élégance et sa familiarité.

Pomacanthus semicirculatus

Ange à demi-cercles

43028 Pomacanthidae

Difficulté

Juvénile

Post-larve

Jusqu'à 40 cm.	1000 l.
Océan Indien et Pacifique ouest, vers l'est jusqu'aux Fidji.	Aucun.
Non.	Moules, néréis, crevettes, granulés, artémias, mysis, vers de vase, algues, salade, épinards, légumes hachés et pochés.
Pacifique sauf avec les membres de son espèce ou d'espèces d'aspect similaire.	Inconnue en aquarium.

Les noms commun et scientifique de cette espèce font référence aux lignes pâles des jeunes qui sont courbées vers l'arrière, certaines dessinant des demi-cercles. Dans divers pays, par exemple en Malaisie, elle est appelée « ange du Coran » : lors du passage de la robe juvénile à celle de l'adulte, les dessins de la caudale évoluent et ressemblent un temps à de l'écriture arabe ; la légende prétend qu'on peut y lire des passages du Coran. Les spécimens très jeunes s'acclimatent sans difficulté à la captivité et mangent volontiers les aliments usuels. Ils changent de robe progressivement lorsqu'ils atteignent 8 à 16 cm de longueur.

Pomacanthus sexstriatus

Ange à six bandes

Pomacanthidae 43029

Difficulté

Jusqu'à 46 cm.

Archipel indo-australien, vers l'est jusqu'aux îles Salomon.

Non.

Pacifique sauf avec les membres de son espèce.

1500 l.

Aucun.

Moules, néréis, crevettes, granulés, artémias, mysis, vers de vase, algues, salade, épinards, légumes hachés et pochés.

Inconnue en aquarium.

Pomacanthus sexstriatus est une des plus grandes espèces du genre, mais elle est souvent oubliée des heureux propriétaires d'aquarium volumineux. Il est vrai qu'au premier abord, l'adulte n'est pas très attrayant. Pourtant, il est d'une rare beauté : sa robe originale, barrée de chocolat sur un fond clair, est rehaussée d'une multitude de points bleus, particulièrement brillants sur les nageoires. Le juvénile, très semblable à celui de *P. xanthometopon*, s'acclimate sans difficulté et achève sa transformation à une longueur d'environ 15 cm. Toute sa vie, il restera assez peureux, grognant fortement quand il est dérangé avant de filer dans son refuge préféré. Pourtant, face aux nouveaux venus, c'est lui qui manifestera une certaine agressivité.

Pomacanthus xanthometopon

Ange masqué

43030 Pomacanthidae

Difficulté

Jusqu'à 38 cm.	1000 l.
Des Maldives à l'Indonésie et aux Philippines et jusqu'aux Vanuatu.	Aucun.
Non.	Moules, néréis, crevettes, granulés, artémias, mysis, vers de vase, algues, salade, épinards, légumes hachés et pochés.
Craintif et pacifique sauf avec les membres de son espèce et des espèces proches.	Inconnue en aquarium.

Ce magnifique poisson-ange n'est pas des plus faciles. D'un naturel craintif, il a du mal à s'habituer à un nouvel environnement, restant longtemps caché à épier les alentours sans s'alimenter. Le respect de quelques règles simples permet de contourner ces problèmes : ne tenter d'acclimater que des petits juvéniles, plus adaptables et assez prompts à accepter les aliments proposés (les moules crues ouvertes notamment) ; ne pas introduire un individu, même bien acclimaté, dans un bac déjà peuplé ; éviter toute cohabitation avec de grands Pomacanthidés. Une fois établi, il est assez familier mais file se cacher en grognant s'il est dérangé.

Pygoplites diacanthus

Ange-duc

Pomacanthidae 43031

Difficulté

- Jusqu'à 25 cm.
- Mer Rouge, océan Indien, Pacifique ouest et central jusqu'aux Tuamotu.
- Non.
- Pacifique sauf avec ses congénères.
- 1000 l.
- Aucun.
- Artémias, mysis, moules crues et cuites, chair de crevettes, granulés, vers de vase, algues, épinards, légumes hachés et pochés.
- Inconnue en aquarium.

L'ange-duc était autrefois réputé impossible à maintenir et même à acclimater. On sait pourtant aujourd'hui qu'on peut y parvenir. Voici quelques règles qui, ajoutées à la compétence, à l'expérience et à la motivation de l'aquariophile, contribueront grandement à son succès : choisir un spécimen de moins de 12 cm ; exclure les spécimens amaigris ; acclimater avec des roches vivantes abondamment garnies d'organismes encroûtants ; attendre qu'il accepte toutes sortes d'aliments avant de le transférer dans le bac définitif prévu très spacieux, avec roches vivantes et peuplement de petites espèces calmes et pacifiques ; exclure toute cohabitation avec un quelconque poisson-ange.

Abudefduf vaigiensis

Demoiselle rayée

44001 Pomacentridae

Difficulté

14 cm.

De la mer Rouge aux Marquises et aux Tuamotu, Du sud du Japon à Lord Howe.

Non.

Agressif sauf avec ses congénères.

240 l.

Aucun.

Algues, légumes hachés et pochés, moules, coques et crevettes.

Obtenue en aquarium.

Communément appelées les sergents-majors, les *Abudefduf* spp. se rencontrent dans toutes les mers tropicales. *A. vaigiensis* évolue au-dessus des récifs de l'océan Pacifique en larges agrégations. C'est un poisson qui consomme principalement les algues filamenteuses du substrat et la microfaune associée. Comme tous les représentants du genre, cette espèce est très agressive envers tous les autres poissons et ne devra être hébergée que dans un aquarium avec des poissons plus gros. C'est la raison pour laquelle il est déconseillé de l'introduire dans un aquarium récifal. Les juvéniles peuvent être maintenus en groupe, les adultes sont plus belliqueux et ne se supportent qu'en couple.

Des pontes ont été obtenues en aquarium, les larves sont extrêmement petites, difficiles à collecter et à nourrir.

Amphiprion akallopisos

Clown sans parure

Pomacentridae 44002

Difficulté

10 cm.

Océan Indien.

Excellente.

Paisible

240 l.

Femelle plus grosse.

Artémias adultes et nauplies vivantes, moules, néréis, crevettes, vers de vase, algues, légumes hachés et pochés.

Réussie en aquarium.

Le patron de coloration d'*Amphiprion akallopisos* est moins spectaculaire que celui des autres poissons-clowns. Seule une barre blanche à la base de la dorsale vient égayer une robe uniformément saumon. C'est la raison pour laquelle il est peu populaire. Son comportement est identique à celui des autres espèces du genre. Un aquarium d'invertébrés lui convient parfaitement. Pour observer son comportement naturel, la maintenance en compagnie d'une anémone est indispensable. Hermaphrodite protandre, un couple se forme à partir de 2 juvéniles, le dominant devient femelle. Il pond sur substrat dur, les larves pélagiques seront nourries de rotifères enrichis et de nauplies d'artémias fraîchement écloses.

Reproduction

Les clowns sont hermaphrodites protandres ; ils naissent mâles et ce n'est qu'avec le temps que le dominant se transforme en femelle (devenant alors plus grosse). Si deux sujets sont suffisamment jeunes, vous êtes donc certain d'avoir un couple. La reproduction des clowns est l'une des plus faciles. Le couple prend grand soin à nettoyer une petite zone plane aux abords de l'anémone où la femelle dépose ses œufs. Le couple s'en occupe jusqu'à l'éclosion qui a lieu, de nuit, 4 à 5 jours après la ponte. Les larves sont élevées dans un petit aquarium à part et nourries avec des rotifères (*Brachionus plicatilis*), puis des nauplies d'artémias.

Amphiprion bicinctus

Clown à deux bandes

44003 Pomacentridae

Difficulté

14 cm.	240 l.
Mer Rouge, golfe d'Aden et archipel des Chagos.	Femelle plus grosse.
Excellente.	Artémias adultes et nauplies vivantes, moules, néréis, crevettes, vers de vase, algues, légumes hachés et pochés.
Territorial.	Réussie en aquarium (voir encadré p. 233).

Amphiprion bicinctus est moins fréquent dans le commerce aquariophile que les autres espèces du genre. Son comportement et sa maintenance sont identiques à ceux des autres poissons-clowns.

Il fréquente ordinairement les récifs frangeant et il n'est guère difficile quant au choix de son anémone-hôte puisqu'on le trouve associé à *Entacmaea quadricolor, Heteractis aurora, H. crispa, H. magnifica ; Stichodactyla gigantea* et *S. mertensii.*

Sa reproduction en aquarium, obtenue par quelques amateurs, suit les mêmes procédures que les autres membres du genre.

Amphiprion clarkii

Clown de Clarck

Pomacentridae 44004

Difficulté

12 cm.	240 l.
Du golfe Persique aux Fidji, du Japon aux Maldives, à l'Australie et à la Nouvelle-Calédonie.	Femelle plus grosse.
Excellente.	Artémias adultes, moules, néréis, crevettes, vers de vase, algues, légumes hachés et pochés.
Territorial, maintenir en couple.	Obtenue en aquarium (voir encadré p. 233).

Un des poissons-clowns les plus robustes, *Amphiprion clarkii* est idéal pour débuter avec ces poissons. Son acclimatation est sans problème et il se révèle très résistant aux maladies.

Sa taille impose de disposer d'un volume minimum de 240 litres pour un couple. Dans le milieu naturel, on le trouve associé à 10 espèces d'anémones-hôtes. Il se nourrit principalement de copépodes planctoniques ; en aquarium, il accepte tous les aliments carnés habituels et mange les algues filamenteuses. Le comportement de reproduction est celui du genre *Amphiprion*.

Amphiprion ephippium

Clown feu, clown à selle

44005 Pomacentridae

Difficulté

11 cm.	120 l.
Des îles d'Adaman et de Nicobar à l'ouest de la Malaisie et Java.	Femelle plus grosse.
Excellente.	Artémias adultes, moules, néréis, crevettes, vers de vase, algues, légumes hachés et pochés.
Territorial, maintenir en couple.	Réussie en aquarium (voir encadré p. 233).

Amphiprion ephippium est le seul poisson-clown dépourvu de bande blanche au stade adulte. Seuls les juvéniles portent une à trois bandes transversales. C'est l'une des espèces les plus robustes mais elle semble très sensible aux traitements par le cuivre, on s'en dispensera autant que possible. La taille et le comportement agressif du clown feu le rendent incompatible avec des poissons plus placides. Aussi vaut-il mieux éviter la cohabitation avec d'autres poissons-clowns. En aquarium récifal, il faut lui fournir une anémone afin qu'il ne s'installe pas dans les coraux durs à gros polypes et les coraux mous, au risque de les importuner. Le comportement de reproduction est celui du genre *Amphiprion*.

Amphiprion frenatus
Clown rouge

Pomacentridae 44006

Difficulté

12 cm.	240 l.
De la mer de Chine du Sud au Japon.	Femelle plus grosse. Mâle dépourvu de tache sombre sur le flanc.
Excellente.	Algues, légumes hachés et pochés, artémias adultes, moules, néréis, crevettes, vers de vase.
Territorial, maintenir en couple.	Obtenue en aquarium (voir encadré p. 233).

A. frenatus est avec *A. ocellaris* le plus populaire des poissons-clowns. C'est une espèce agressive qui n'hésitera pas à attaquer la main de l'aquariophile afin de protéger son anémone et ses œufs. Son caractère le rend incompatible avec des poissons plus paisibles et il vaut mieux éviter la présence d'autres *Amphiprion*. Son régime alimentaire doit comporter une proportion de végétaux plus importante que les autres espèces. Dans la nature, on ne le trouve qu'avec *Entacmaea quadricolor* mais en aquarium, il acceptera également de s'associer à *Stichodactyla* spp. La formation d'un couple est souvent houleuse. Sa reproduction est facile à obtenir. Il pond sur un substrat dur préalablement débarrassé des algues et des invertébrés fixés.

Amphiprion nigripes

Clown des Maldives, clown à nageoires noires

44007 Pomacentridae

Difficulté

10 cm.

Îles Maldives et Sri Lanka.

Excellente.

Parfois timide, maintenir en couple.

120 l.

Femelle (un peu) plus grosse.

Algues, légumes hachés et pochés, artémias adultes, moules, néréis, crevettes, vers de vase.

Obtenue en aquarium (voir encadré p. 233).

La robe d'*Amphiprion nigripes* est entièrement orange à l'exception d'un collier blanc, l'originalité tient à la coloration noire des pelviennes et de l'anale. Sa maintenance est plus délicate que celle des autres poissons-clowns. Il supporte assez mal le difficile voyage de son lieu de collecte aux bacs des détaillants. De plus, c'est un des plus petits poissons-clowns, il est timide et peu combatif envers les autres poissons. Il risque fort d'être dominé par les autres *Amphiprion* spp. : la cohabitation est déconseillée.

Comme *A. ocellaris*, il convient parfaitement à l'aquarium récifal et doit être hébergé avec une anémone pour être plus à son aise. La formation d'un couple est aisée, la reproduction moins facile à obtenir.

Amphiprion ocellaris

Clown à trois bandes

Pomacentridae 44008

Difficulté

9 cm.

Des îles d'Adaman et de Nicobar aux Moluques, des Ryukyu au nord-ouest de l'Australie.

Excellente.

Paisible.

120 l.

Femelle plus grosse.

Artémias adultes et nauplies vivantes, moules, néréis, crevettes, vers de vase, algues, légumes hachés et pochés.

Obtenue en aquarium (voir encadré p. 233).

C'est le plus populaire des poissons-clowns. Il est maintenu en aquarium depuis des décennies et sa reproduction est maîtrisée depuis les années 1970. Un aquarium d'invertébrés lui convient parfaitement. On le maintiendra de préférence avec une anémone-hôte, *Heteractis magnifica* ou *Stichodactyla gigantea*, au milieu de laquelle il peut se réfugier lorsqu'il est effrayé. En l'absence d'anémone, son comportement n'est jamais totalement naturel mais il peut accepter un substitut, par exemple un corail mou du genre *Sarcophyton*. La maintenance et la reproduction sont identiques à celles des autres espèces. Il existe une forme mélanique (entièrement noire à l'exception des bandes blanches) que l'on rencontre dans les environs de Darwin en Australie.

Amphiprion perideraion

Clown à collier

44009 Pomacentridae

Difficulté

10 cm.

Est de l'océan Indien, archipel Indo-Australien jusqu'aux Ryukyu et la Micronésie.

Excellente.

Parfois timide, maintenir en couple.

96 l.

Femelle plus grosse. Mâle avec bordure orange vif sur la dorsale molle et les marges inférieure et supérieure de la caudale.

Artémias adultes, moules, néréis, crevettes, vers de vase, algues, légumes hachés et pochés.

Obtenue en aquarium (voir encadré p. 233).

C'est le poisson-clown le plus subtilement coloré : sa robe rose saumon est ornée d'un collier blanc et d'une bande dorsale blanche. C'est aussi le plus timide et son acclimatation est délicate car il est sensible aux parasites. On le rencontre dans la partie haute de la pente externe des récifs, souvent dans une anémone-hôte *Heteractis magnifica*. L'une des plus belles réussites en aquarium récifal est sans aucun doute la reconstitution d'une portion de pente externe avec un couple de clowns à collier blotti au pied de la colonne rouge de l'anémone. Un bon brassage ainsi qu'un éclairage puissant sont les gages du succès.

Amphiprion sandaracinos

Clown à bande dorsale, clown orange

Pomacentridae 44010

Difficulté

14 cm.	96 l.
De Sumatra aux Salomon, des Ryukyu au nord-ouest de l'Australie.	Femelle plus grosse.
Excellente.	Artémias adultes, moules, néréis, crevettes, vers de vase, algues, légumes hachés et pochés.
Territorial, maintenir en couple.	Obtenue en aquarium (voir encadré p. 233).

A. sandaracinos ressemble à *A. akallopisos* mais sa bande dorsale va jusqu'à la lèvre supérieure et sa livrée est plus orange que rose. C'est un poisson clown robuste, plutôt territorial et agressif. On le rencontre dans la partie externe du platier récifal, la zone de plus haute énergie du récif. Il se nourrit principalement de zooplancton et d'algues filamenteuses.

L'acclimatation à l'aquarium est aisée, les individus nés en captivité étant particulièrement vigoureux. Comme pour les autres poissons-clowns, il vaut mieux l'héberger avec une anémone afin de pouvoir pleinement observer son comportement naturel.

Chromis viridis

Demoiselle verte

44011 Pomacentridae

Difficulté

9 cm.	240 l.
De la mer Rouge aux Marquises et aux îles de la Société, des Ryukyu à la Nouvelle-Calédonie.	Aucun.
Excellente.	Artémias adultes, moules, néréis, crevettes, vers de vase, algues, légumes hachés et pochés.
Nageur actif, maintenir en groupe.	Ponte obtenue en aquarium.

Parmi le large éventail qu'offre le groupe des demoiselles aux aquariophiles marins, *Chromis viridis* est sans doute l'une des espèces les plus adaptées à l'aquarium récifal. C'est un poisson que l'on rencontre en bancs immenses, évoluant à proximité du substrat et des coraux. À la moindre alerte, l'ensemble du groupe disparaît à l'intérieur des colonies gigantesques d'*Acropora* spp. C'est un poisson grégaire qu'il faut maintenir en groupe. Dans un bac de 240 litres ou plus, il est nécessaire d'introduire un banc d'au moins 6 individus pour espérer garder durablement cette espèce. Planctophage, elle doit être nourrie régulièrement dans la journée. Elle se révèle extrêmement rapide à attraper la nourriture.

Chrysiptera cyanea

Demoiselle bleue

Pomacentridae 44012

Difficulté

8 cm.

De l'Indonésie aux Salomon, des Ryukyu et des Carolines au nord-ouest de l'Australie et à la Grande Barrière de Corail.

Excellente.

Poisson vif et territorial.

240 l.

Mâles : caudale bordée d'orange.

Algues, légumes hachés et pochés, artémias adultes, moules, néréis, crevettes, vers de vase.

Ponte obtenue en aquarium. Première nourriture des larves non dominée.

C'est une espèce de demoiselle relativement paisible, qui peut être hébergée en couple dans un aquarium de 240 litres. Un volume supérieur à 450 litres sera nécessaire pour maintenir un banc plus important, auquel on fournira une multitude de cachettes et de recoins qui constitueront autant de territoires pour les animaux. Les mâles peuvent se révéler très agressifs une fois à maturité, plus particulièrement en période de ponte ; les bancs ne devront comporter qu'un mâle.

Éviter également la cohabitation avec des pensionnaires trop timides. Cette demoiselle est inféodée au substrat : elle ne s'en éloigne guère. Herbivore, elle consomme quelques-unes des algues de l'aquarium et la microfaune rampante.

Chrysiptera taupou

Demoiselle des mers du Sud

44013 Pomacentridae

Difficulté

7 cm.

Du nord de la Grande Barrière de Corail aux Samoa et à la Nouvelle-Calédonie.

Aléatoire.

Poisson agressif, peut vivre en couple.

240 l.

Mâles à dorsale bleue. Femelles à dorsale jaune.

Algues, légumes hachés et pochés, artémias adultes, moules, néréis, crevettes, vers de vase.

Ponte obtenue en aquarium, mais les larves restent impossibles à nourrir.

Voici une espèce qui fait honneur à la réputation des Demoiselles. Elle est l'une des *Chrysiptera* spp. les plus agressives, elle ne doit pas être maintenue dans un volume inférieur à 240 litres. Il est possible de faire cohabiter un couple formé. Par ailleurs, il ne faut pas imposer sa présence à des espèces plus petites et/ou trop timides pour lui tenir tête. Éviter donc l'introduction dans un aquarium récifal et préférer un aquarium marin communautaire avec des gros poissons (non piscivores !). Des pontes sont obtenues en aquarium, les larves sont très petites et pratiquement impossibles à collecter.

Dascyllus aruanus

Demoiselle à queue blanche

Pomacentridae 44014

Difficulté

8 cm.	240 l.
De la mer Rouge aux îles de la Ligne, Marquises et Tuamotu, des Ryukyu à Lord Howe et Rapa.	Femelles plus grosses.
Bonne.	Algues, légumes hachés et pochés, artémias adultes, moules, néréis, crevettes, vers de vase.
Agressif, peut vivre en couple.	Ponte obtenue en aquarium.

Les *Dascyllus* spp. sont de loin les demoiselles les plus agressives. Même pour un couple, 240 litres constituent un volume en dessous duquel il ne faut pas descendre pour espérer garder durablement ces poissons. *Dascyllus aruanus* vit en petits groupes près du substrat corallien. Ces bancs ne s'éloignent pas des colonies d'*Acropora* spp. et de *Pocillopora* spp. dans lesquelles ils trouvent refuge en cas de danger.

Leur régime alimentaire inclut une bonne moitié d'algues, l'autre partie étant constituée de petits crustacés. Ce poisson sera mieux dans un grand aquarium communautaire, avec ou sans coraux, au milieu de poissons plus gros. Des pontes sont possibles en aquarium mais compte tenu de la très forte territorialité des géniteurs, il est souhaitable qu'elles aient lieu dans un bac indépendant.

Dascyllus melanurus

Demoiselle à queue noire

44015 Pomacentridae

Difficulté

8 cm.

De Sumatra aux Vanuatu et aux Carolines, des Ryukyu à la Nouvelle-Calédonie.

Bonne.

Agressif, peut vivre en couple.

240 l.

Femelles plus grosses.

Algues, légumes hachés et pochés, artémias adultes, moules, néréis, crevettes, vers de vase.

Ponte obtenue en aquarium.

Cette espèce est très similaire en coloration à *D. aruanus*, elle porte cependant une bande noire supplémentaire à l'extrémité de sa nageoire caudale. Les deux espèces sont souvent rencontrées ensemble mais *D. melanurus* a une répartition géographique plus réduite, localisée autour des Philippines. La demoiselle à queue noire évolue en petits groupes autour des massifs géants d'*Acropora* spp. du lagon et de l'arrière récif. Son régime alimentaire est presque exclusivement composé d'algues qu'elle broute sur les roches. Ce faisant, elle ingère aussi la microfaune variée qui vit dans les végétaux et qui constitue un apport protéique à ne pas négliger en aquarium. Ce poisson ne peut cohabiter qu'avec des espèces plus grosses. Le comportement est le même que celui des autres *Dascyllus* spp.

Dascyllus reticulatus

Demoiselle réticulée

Pomacentridae 44016

Difficulté

8 cm.	240 l.
Des Cocos-Keeling aux Samoa et îles de la Ligne, du Japon à Lord Howe.	Femelles plus grosses.
Bonne.	Artémias adultes, moules, néréis, crevettes, vers de vase, algues, légumes hachés et pochés.
Agressif, peut vivre en couple.	Ponte obtenue en aquarium.

Souvent confondue avec *D. carneus*.

Certes, *Dascyllus reticulatus* est la moins jolie des demoiselles de ce genre. Mais elle compense cette faiblesse par une robustesse à toute épreuve. Comme les autres espèces, les juvéniles sont sociables et peuvent être hébergés en groupes. Les adultes sont beaucoup moins tolérants et ne se supportent qu'en couples. La demoiselle réticulée est plus omnivore que les autres espèces et demandera une alimentation plus variée. Des pontes peuvent être obtenues en aquarium, souvent au désespoir de l'aquariophile : on a observé des femelles charger des mérous de près d'un mètre dans le but de protéger leur frai ! Que dire des pensionnaires de quelques dizaines de centimètres...

Dascyllus trimaculatus

Demoiselle à trois taches

44017 Pomacentridae

Difficulté

14 cm.

De la mer Rouge aux îles de la Ligne et Pitcairn, du Japon à Lord Howe.

Bonne.

Agressif, peut vivre en couple.

450 l.

Aucun.

Artémias adultes, moules, néréis, crevettes, vers de vase, algues, légumes hachés et pochés.

Reproduction réussie en aquarium avec les méthodes employées pour les clowns.

La livrée de *D. trimaculatus* est uniformément noire à l'exception de trois taches blanches : une sur le front et une sur chaque flanc ; particulièrement visibles chez les jeunes, elles s'estompent à mesure de la croissance. Si les juvéniles cohabitent sans peine, les adultes doivent être hébergés seuls ou en couples, au milieu de grands poissons à fort caractère. Dans leur milieu naturel, les juvéniles trouvent refuge dans des anémones qu'ils partagent avec des poissons-clowns. Ce comportement disparaît avec l'âge, lorsque les poissons deviennent capables de se défendre. Cette association avec des anémones et des clowns peut être reproduite dans un aquarium de 450 litres, avec les espèces qui ont du tempérament tel *Amphiprion clarkii*.

Neoglyphidodon crossi

Demoiselle de Cross

Pomacentridae 44018

Difficulté

13 cm.	240 l.
Bali, les Célèbes et les Moluques.	Aucun.
Aléatoire.	Artémias adultes et nauplies, moules, néréis, crevettes, vers de vase, algues, légumes hachés et pochés.
Agressif envers ses congénères.	Inconnue en aquarium.

Cet adorable petit poisson, à la robe si attirante lorsqu'il ne dépasse pas 5 à 6 cm, se transforme à l'âge adulte en une vraie terreur dont la coloration vire au marron. Les *Neoglyphidodon* spp. sont régulièrement proposées à la vente comme « Demoiselles variées » et leurs vives colorations peuvent charmer les aquariophiles. Malheureusement, ces poissons deviennent extrêmement agressifs une fois adulte et ne doivent cohabiter qu'avec de gros poissons à fort caractère. L'agressivité intraspécifique est tout aussi forte ; maintenir un seul spécimen. Ne pas introduire en aquarium récifal sous peine de provoquer une panique généralisée à plus ou moins long terme ! L'acclimatation est sans problème. *Neoglyphidodon crossi* est un poisson omnivore qui a besoin d'une fraction végétale dans son alimentation.

Pomacentrus alleni

Demoiselle de Allen

44019 Pomacentridae

Difficulté

6 cm.	120 l.
Île Similan, Thaïlande.	Aucun.
Excellente.	Artémias adultes et nauplies, moules, néréis, crevettes, vers de vase, algues, légumes hachés et pochés.
Paisible.	Inconnue en aquarium.

Les *Pomacentrus* spp. sont sans doute les demoiselles les plus colorées. Presque toutes ont un patron bleu électrique très recherché par les aquariophiles. Cette coloration est mise en valeur par un éclairage adapté, riche en radiations bleues.

Qui plus est, ces demoiselles sont moins agressives que les *Dascyllus* spp. ou les *Neoglyphidodon* spp. et il est possible de les maintenir en groupe dans un bac de volume supérieur à 240 litres.

Pomacentrus alleni s'acclimate très facilement. Elle est un pensionnaire idéal en aquarium récifal. Elle colonise la partie inférieure du bac et reste près du substrat dont elle consomme les algues. En cas de danger, elle se réfugie dans les cavités du décor rocheux.

Premnas biaculeatus

Clown épineux

Pomacentridae 44020

Difficulté

17 cm.

Archipel Indo-Malais jusqu'au nord du Queensland.

Excellente.

Territorial, maintenir en couple.

240 l.

Femelle (beaucoup) plus grosse.

Artémias adultes, moules, néréis, crevettes, vers de vase, algues, légumes hachés et pochés.

Obtenue en aquarium.

Premnas biaculeatus est la seule espèce du genre. C'est le plus gros et le plus agressif des poissons-clowns. Son comportement belliqueux s'apparente plus à celui des demoiselles que des *Amphiprion* spp. Il possède une épine caractéristique sur chaque opercule, qui complique la capture avec un filet ou une épuisette. Le dimorphisme sexuel est évident : les femelles sont jusqu'à trois fois plus grosses que les mâles. L'acclimatation est aisée. Ce poisson doit être maintenu avec des poissons aussi gros que lui, seul ou en couple. La reproduction est facilement obtenue, les alevins sont nourris avec des nauplies d'artémias.

En aquarium, comme dans la nature, son anémone de prédilection est *Entacmaea quadricolor*.

Labracinus lineatus

Pseudochromis à lignes

45001 Pseudochromidae

Difficulté

14 cm.	450 l.
Mer de Corail.	Aucun.
Aléatoire.	Artémias adultes, crevettes, moules et coques.
Territorial.	Inconnue en aquarium.

Les *Labracinus* spp. sont généralement des poissons extrêmement agressifs qui peuvent semer la terreur dans un aquarium trop exigu, peuplé de poissons placides ou trop petits. Leur comportement de prédateur est tel qu'aucun poisson ou crustacé de taille adaptée à leur bouche ne sera épargné. *Labracinus lineatus* ne déroge pas à la règle et devra être hébergé avec des poissons beaucoup plus gros : mérous, murènes, poissons-anges et autres balistes à fort caractère. Ce poisson arpente le récif, de cavités en recoins, à la recherche de sa nourriture, sans jamais trop s'aventurer en pleine eau. Il faut lui fournir un décor rocheux comportant de nombreux passages et anfractuosités pour qu'il se sente à l'aise. Dans ces conditions, et dans un aquarium d'au moins 450 litres, il est possible d'associer un couple.

Pseudochromis diadema

Pseudochromis diadème

Pseudochromidae 45002

Difficulté

7 cm.	120 l.
Est de la péninsule Malaise et ouest des Philippines.	Aucun.
Bonne.	Artémias adultes, crevettes, moules et coques.
Agressif.	Inconnue en aquarium.

D'un comportement à peine plus sociable que les *Labracinus* spp., les *Pseudochromis* spp. sont des petits poissons souvent très colorés et largement proposés à la vente. Avec sa livrée jaune et rose, *Pseudochromis diadema* fait partie des plus attrayants. En aquarium récifal, il risque de harceler continuellement les autres pensionnaires. Il vaut mieux l'introduire dans un bac communautaire, qui peut héberger quelques invertébrés, du reste peuplé de grosses espèces : chirurgiens, poissons-anges, etc. Un aquarium pourvu d'un abondant décor rocheux lui conviendra parfaitement. Dans les installations les plus volumineuses, supérieures à 600 litres, il est possible de former un couple voire de faire cohabiter un petit groupe.

Pseudochromis fridmani

Pseudochromis de la mer Rouge

45003 Pseudochromidae

Difficulté

Reproduction

Les *Pseudochromis* reproduits en captivité sont nombreux. Le bac de ponte, sans décor, a un volume compris entre 150 et 200 litres. Les sites de pontes sont de simples tuyaux de PVC, le mâle y attire la femelle. Les œufs se présentent sous la forme d'une balle gélatineuse de 3 à 4 centimètres de diamètre, adhérant au substrat. La ponte comprend de 500 à 2000 œufs et un couple peut pondre une fois par semaine. Le mâle se charge de l'entretien des œufs et de leur surveillance. En élevage commercial, les balles sont prélevées et incubées dans des bouteilles retournées et munies d'un diffuseur. Pour l'amateur, un petit bac nu et aéré à l'aide de plusieurs diffuseurs est souvent plus pratique.
(suite p. 255)

7 cm.

Mer Rouge.

Bonne.

Agressif.

120 l.

Dimorphisme sexuel : queue plus pointue chez le mâle.

Artémias adultes, crevettes, moules et coques.

Réussie en aquarium, dominée en aquaculture.

Pseudochromis fridmani est sans conteste, avec *P. paccagnellae*, l'une des stars du genre. Il est endémique de mer Rouge et sa robe, uniformément pourpre, est d'une coloration exceptionnellement intense. Il possède un caractère beaucoup moins belliqueux que ces congénères et peut parfaitement être introduit en aquarium récifal. Toutes ces caractéristiques font de *P. fridmani* un poisson très prisé, malheureusement assez rarement disponible. Attention toutefois de ne pas le faire cohabiter avec des espèces de morphologie ou de coloration semblable, il s'agit quand même d'un pseudochromis et il a le caractère du genre ! On peut même former un groupe de quelques individus dans un volume de 240 litres minimum, à condition d'avoir un décor rocheux abondamment pourvu en cachettes. Sa reproduction est maîtrisée en aquarium.

Pseudochromis paccagnellae

Pseudochromis bicolore, vanille-fraise

- 8 cm.
- De l'Indonésie à la Papouasie-Nouvelle-Guinée et aux Salomon, des Célèbes au nord de l'Australie et à Vanuatu.
- Bonne.
- Très agressif.
- 240 l.
- Aucun.
- Artémias adultes, crevettes, moules et coques.
- Obtenue en aquarium (voir p. 254).

Pseudochromis paccagnellae est certainement l'espèce la plus belle et la plus prisée du genre. C'est aussi la plus agressive et sa maintenance n'est possible qu'avec des poissons plus gros et ayant du caractère. Il est également déconseillé de tenter d'en maintenir plus d'un spécimen par aquarium. Dans son milieu naturel, il est capable de défendre un territoire de plusieurs mètres carrés. Compte tenu de cette agressivité, il est préférable de le réserver aux grosses installations. Son acclimatation est identique à celle des autres espèces : sans difficulté majeure. Comme pour tous les pseudochromis très colorés, certains auteurs préconisent la distribution d'aliments riches en pigments naturels (caroténoïdes par exemple) afin de préserver l'intensité de sa coloration.

Pseudochromidae 45004

Difficulté

Élevage

En trois à quatre jours, les larves de 3 millimètres apparaissent. L'aquarium est simplement brassé à l'aide d'un diffuseur. Un goutte-à-goutte est installé au bout de 10 à 15 jours pour effectuer les renouvellements d'eau. On introduit dans le bac des algues vertes unicellulaires (*Nannochloris occulata, Isochrysis* sp.) jusqu'à obtenir une légère teinte de l'eau et des souches de rotifères (*Brachionus plicatilis*) qui prolifèrent grâce à ces algues et serviront de première nourriture aux larves. Après 10 jours, les larves consomment des nauplies d'artémias en c omplément. Aux environs du 16e jour, les artémias ont complètement remplacé les *Brachionus*. La métamorphose se déroule entre le 22e et le 30e jour. En trois jours, les larves prennent la coloration des adultes et absorbent les nourritures usuelles.

Pseudochromis porphyreus

Pseudochromis pourpre

45005 Pseudochromidae

Difficulté

6 cm.	120 l.
Sud et ouest de l'océan Pacifique.	Aucun.
Bonne.	Artémias adultes, crevettes, moules et coques.
Agressif.	Inconnue en aquarium.

Pseudochromis porphyreus est proche de *P. fridmani*. Cependant, ce dernier présente un trait horizontal noir traversant l'œil ; la coloration pourpre de *P. porphyreus* est moins intense et son corps est moins élancé. Son comportement est relativement moins agressif que celui des autres espèces du genre et il peut être introduit dans un aquarium récifal d'un volume minimum de 120 litres.

On veillera à ne pas imposer sa présence à des poissons ayant la même robe ou la même morphologie, ils seraient harcelés par le pseudochromis pourpre. Plusieurs spécimens peuvent cohabiter à condition d'avoir été introduits simultanément dans un aquarium suffisamment volumineux (450 l au moins) et pourvu de nombreuses pierres vivantes ménageant une multitude de cachettes.

Pseudochromis springeri

Pseudochromis de Springer, pseudochromis à rayures bleues

Pseudochromidae 45006

Difficulté

5 cm.	120 l.
Mer Rouge et golfe d'Aden.	Aucun.
Bonne.	Artémias adultes, crevettes, moules et coques.
Peu agressif.	Obtenue en aquarium (voir p. 254).

La capture du pseudochromis de Springer est parfois accidentelle. Lors de la collecte de colonies coralliennes, il reste souvent tapi au cœur du corail pour ne sortir qu'une fois dans les bacs d'acclimatation.

C'est une des plus petites espèces du genre : *Pseudochromis springeri* ne dépasse pas 5 cm. Elle est originaire de mer Rouge est n'est que très rarement proposée à la vente. C'est un animal relativement paisible qui peut être introduit dans un aquarium récifal d'un volume minimum de 120 litres. Il fait partie des pseudochromis qui s'aventurent jusque dans les *Acropora* spp. à la recherche des crustacés symbiotiques, crevettes et crabes, qui viennent de muer et qui constituent des proies de choix. Le pseudochromis de Springer peut être maintenu en groupe à condition que les poissons aient été introduits simultanément dans l'aquarium et que le décor comporte de nombreuses pierres vivantes et coraux branchus constituant des refuges.

Scatophagus argus

Scatophage

46001 Scatophagidae

Difficulté

32 cm.

De la mer Rouge aux Samoa, des Ryukyu à la Nouvelle-Calédonie.

Non.

Sociable, nageur actif.

600 l.

Aucun.

Toutes !

Inconnue en aquarium.

Dans la nature, *Scatophagus argus* est souvent observé en compagnie de *Monodactylus argenteus*, on peut reproduire cette association en captivité dans un aquarium d'eau saumâtre.

Comme son nom l'indique, *Scatophagus argus* est un omnivore, plutôt glouton, qui accepte toutes les sortes de nourritures proposées, on veillera même à lui offrir des aliments végétaux. Il fait partie des poissons qui peuplent les zones d'arrière-récif, les lagunes d'eau faiblement salée que l'on trouve près des côtes et les estuaires. Il apprécie les aires d'activités humaines car il y trouve son compte de nourriture. C'est un poisson robuste qui convient parfaitement à un aquarium de type mangrove ou lagune saumâtre mais moins à un aquarium récifal.
Dans un aquarium de grande taille, on peut maintenir un groupe de 5 ou 6 individus. Les juvéniles ont des nageoires teintées de rouge.

Pterois antennata

Rascasse volante à queue tachetée

Scorpaenidae 47001

Difficulté

Taille	25 cm.
Répartition	De l'Afrique de l'Est aux Marquises et Mangareva, du sud du Japon à la Grande Barrière de Corail et aux Australes.
Compatibilité récifale	Oui (sous réserves).
Comportement	Prédateur.
Volume	450 l.
Dimorphisme sexuel	Aucun.
Alimentation	Crevettes, poissons, etc.
Reproduction	Inconnue en aquarium.

Les rascasses volantes sont des poissons magnifiques, parés de voiles à toutes les nageoires. Comme ses congénères, *Pterois antennata* chasse à l'affût, dérivant immobile avec le courant et dissimulant sa silhouette derrière ses voilures pour mieux tromper ses proies. C'est un prédateur vorace, doté d'une bouche protractile et capable de gober une proie plus rapidement que ce que l'œil humain peut enregistrer. Son acclimatation en aquarium ne pose aucun problème. C'est un animal plutôt timide mais il faut éviter la cohabitation avec les poissons et les crevettes susceptibles d'être avalés. Cette rascasse peut vivre en groupe peu nombreux à condition de disposer d'un aquarium d'au moins 600 litres.

Attention ! Toutes les rascasses volantes sont venimeuses. Les premiers rayons de la nageoire dorsale sont pourvus d'une glande à venin. La manipulation de ces poissons est délicate. En cas de piqûre, emballer immédiatement la zone touchée dans une serviette imbibée d'eau très chaude (la toxine est thermolabile) et contacter votre médecin ou le centre antipoison le plus proche.

Pterois radiata

Rascasse à nageoires blanches

47002 Scorpaenidae

Difficulté

Attention !
poisson venimeux

Jusqu'à 20 cm.	600 l.
De la mer Rouge aux îles de la Société, des Ryukyu à la Nouvelle-Calédonie.	Aucun.
Excellente (sous réserve).	Crevettes, poissons, etc.
Prédateur.	Inconnue en aquarium.

Les rayons dorsaux de ce poisson de récif sont venimeux, on y prendra garde lors des travaux d'entretien de l'aquarium. La rascasse à nageoires blanches est un prédateur vorace.

Attention donc au choix des colocataires que l'on choisira de bonne taille : balistes et gros poissons-anges par exemple. Les poissons et crustacés de taille inférieure à la sienne sont susceptibles d'être avalés. A contrario, elle ne manifeste aucune agressivité envers les animaux de taille supérieure ou égale à la sienne. Lors de l'acclimatation, on proposera des proies vivantes avant de passer aux nourritures congelées (éperlans, crevettes, moules...). La filtration de l'aquarium doit être correctement dimensionnée pour absorber la charge organique de ce type de poisson. De même, le brassage sera puissant.

Pterois miles/volitans

Rascasse volante

Scorpaenidae 47003

Difficulté

33 cm.	600 l.
De la mer Rouge à Sumatra et du golfe Persique à l'Afrique du Sud.	Aucun.
Oui (sous réserves).	Crevettes, poissons, etc.
Prédateur.	Inconnue en aquarium.

Attention !
poisson venimeux

Pterois miles a été décrite comme étant une espèce différente de *P. volitans*. Mais cette distinction est encore sujette à débat, il pourrait s'agir de deux formes géographiques de la même espèce. *P. miles* est une des plus grosses rascasses volantes. Elle doit être hébergée dans un aquarium d'au moins 450 litres, uniquement avec des animaux aussi gros car elle chassera les petits poissons et les crevettes. Comme ces congénères, elle nage lentement en pleine eau en attendant qu'une proie se présente. Il lui faut donc un vaste espace d'évolution mais aussi un trou ou un surplomb où elle pourra se reposer. Il est possible de faire cohabiter plusieurs spécimens, à condition de leur offrir au moins 600 litres. Les rascasses volantes sont venimeuses : leur manipulation est délicate et dangereuse.

Rhinopias frondosa

Poisson-scorpion des algues

47004 Scorpaenidae

Difficulté

23 cm.	450 litres.
De l'Afrique de l'Est aux Caroline, du sud du Japon à Maurice.	Aucun.
Excellente sauf avec les crustacés.	Poissons et crustacés.
Prédateur, tolère ses congénères.	Inconnue en aquarium.

Attention, les poissons de cette famille possèdent tous des rayons venimeux.

Cette scorpène aux couleurs de base très variées possède de nombreuses excroissances tégumentaires qui assurent son camouflage sur le récif. Elle s'acclimate très bien en aquarium mais en raison de sa dangerosité, elle est à réserver aux aquariophiles expérimentés (titulaires du certificat de capacité) et aux aquariums publics. Toute nourriture vivante est acceptée et l'on peut, à force de patience, lui faire avaler des aliments congelés, voire lyophilisés. Prédateur faussement paisible, elle se tient généralement à l'affût, immobile dans le décor. On évitera la cohabitation avec des poissons de taille inférieure à la sienne. *R. frondosa* tolère ses congénères, la maintenance d'un petit groupe est possible dans un volume suffisant. Elle ignore les invertébrés fixes mais la cohabitation avec les invertébrés mobiles, en particulier les crustacés, est impossible.

Scorpaena plumieri

Rascasse tachetée

Scorpaenidae 47005

Difficulté

45 cm.	1500 l.
Atlantique ouest : de New-York au sud du Brésil ; Atlantique est : de l'Ascension à Sainte-Hélène.	Aucun.
Bonne (sauf crustacés)	Poissons et crustacés.
Prédateur.	Inconnue en aquarium.

Comme tous les membres de la famille, cette rascasse possède des épines venimeuses.

Avec une coloration cryptique particulièrement efficace, cette rascasse est complètement invisible dans son milieu. Elle chasse ainsi à l'affût des poissons de sa taille, voire plus longs lorsqu'il s'agit de congres ou de murènes. La maintenance en aquarium est à réserver à l'aquariophile expérimenté (titulaire du certificat de capacité) et aux aquariums publics car cette rascasse de bonne taille peut provoquer des envenimations très graves. C'est un prédateur vorace, les crustacés et les petits poissons seront happés sans atermoiement. La rascasse tachetée tolère ses congénères et d'autres membres de la famille si les tailles ne sont pas trop disparates. Proposer des proies vivantes à l'acclimatation, puis des aliments congelés.

Synanceia verrucosa

Poisson-pierre

47006 Scorpaenidae

Difficulté

Poisson trop dangereux pour être présent chez les particuliers.

35 cm.

De la mer Rouge à Mangareva, des Ryukyu à la Nouvelle-Calédonie et aux Australes.

Bonne (sous réserves).

Prédateur.

600 litres.

Aucun.

Poissons et crustacés.

Inconnue en aquarium.

Ce redoutable prédateur à l'affût est capable de s'enterrer dans le sable, ne laissant dépasser que ses yeux, pour surprendre ses proies. Il les avale en un éclair grâce à la formidable aspiration créée par l'ouverture de ses mâchoires. Totalement cryptique, il passe inaperçu dès qu'il est immobile. Ses épines acérées sont capables de transpercer chaussures et chaussons de plongée.

Potentiellement mortel et causant de nombreux accidents, notamment en plongée, le poisson-pierre est à bannir des aquariums des particuliers. On préférera aller l'observer dans un aquarium public où le jeu consistera alors à le repérer dans le décor. Il capture tout crustacé et poisson assez petit pour être avalé, il tolère néanmoins ses congénères et les poissons de taille supérieure.

Taenianotus triacanthus

Poisson-scorpion feuille

Scorpaenidae 47007

Difficulté

12 cm.	240 l.
De l'Afrique du Sud aux Galápagos, des Ryukyu et d'Hawaii au sud de l'Australie et le Tuamotu.	Aucun.
Bonne (sauf crustacés).	Poissons et crustacés vivants.
Paisible avec les poissons de taille supérieure.	Inconnue en aquarium.

Attention
poisson venimeux, les épines dorsales infligent de douloureuses blessures.

La particularité de ce poisson-scorpion est qu'il a coutume de se balancer d'un côté à l'autre dans le courant, mimant une feuille bercée par la houle.

Ce comportement complète son camouflage lorsqu'il se tient dans les herbiers qu'il fréquente. Il a sa place en aquarium récifal car sa taille et celle de sa bouche – petites pour une scorpène – permettent de lui adjoindre bon nombre de compagnons, seuls sont à éviter les crustacés et les poissons de petite taille. Il tolère parfaitement ses congénères et l'on peut donc marier l'immense variété de ses robes (noire, jaune, rose, blanche, etc.). La seule difficulté rencontrée est son refus catégorique des nourritures mortes. Pour lui, il faut que ça bouge !

Cephalopholis argus

Mérou céleste

48001 Serranidae

Difficulté

42 cm.	2000 l.
De la mer Rouge à Pitcairn, du sud du Japon à Lord Howe. Introduit à Hawaii.	Aucun.
Bonne, sauf crustacés.	Poissons et crustacés.
Prédateur.	Inconnue en aquarium.

Ce gros mérou à la robe somptueuse demande un vaste espace de nage. Il peut être introduit en aquarium récifal sous réserve d'une population adaptée : éviter toute proie potentielle (petits poissons, crustacés, etc.) ; les invertébrés fixés sont, eux, ignorés. C'est un prédateur piscivore, tous les poissons de taille légèrement inférieure à la sienne seront avalés. Il tolère assez bien la présence d'autres mérous, mais en aucun cas celle de ses congénères. Il peut également se montrer territorial et belliqueux à l'égard de nouveaux arrivants. Comme pour tous les poissons de cette taille, on veillera à installer une filtration de qualité capable de traiter des charges organiques importantes. Très familier, il peut venir manger à la main.

Cephalopholis miniatus

Mérou rouge

Serranidae 48002

Difficulté

25 à 30 cm.	1000 l.
De la mer Rouge aux îles de la Ligne, du sud du Japon à Lord Howe.	Aucun.
Bonne sauf invertébrés mobiles.	Vers, céphalopodes, coquillages, poissons, etc. vivants ou congelés, nourriture sèche.
Agressif envers ses congénères, les mérous en général et les petits poissons.	Inconnue en aquarium.

La robe nocturne est pâle et barrée de grosses raies brunes.

La robe chatoyante du mérou rouge attire les aquariophiles. Mais attention à l'achat impulsif car ce poisson est un prédateur vorace et de grande taille. *Cephalopholis miniatus* doit être maintenu seul, il faut écarter les autres mérous et les poissons de taille modeste, de même que les crustacés.
Un très gros bac est donc impératif car il doit accueillir des colocataires de même gabarit : Pomacanthidés, Balistidés, gros Labridés… Facile à acclimater et très résistant, il convient au grand aquarium de débutant. Au départ, on lui proposera des proies vivantes puis de la nourriture congelée, voire sèche. Toutefois, il est plus sûr de vérifier son appétit lors de l'achat en demandant au vendeur de le nourrir.

Chromileptes altivelis

Mérou de Grace Kelly

48003 Serranidae

Difficulté

L'aquariophile est souvent tenté par la magnifique robe des jeunes, pourtant, celle des adultes est plus terne et semble comme salie.

Peut atteindre 50 cm.	1000 l.
De l'Afrique de l'Est à Vanuatu, du sud du Japon à la Nouvelle-Calédonie.	Aucun.
Bonne au stade juvénile.	Proies vivantes, aliments carnés secs ou congelés.
Peu agressif.	Inconnue en aquarium.

Ce mérou est généralement sociable avec ses congénères – et les poissons de sa taille – toutefois, il est préférable de ne maintenir qu'un seul spécimen. Malgré son allure nonchalante, c'est un prédateur chassant à l'affût, il avalera tout poisson ou crustacé de taille inférieure à la moitié de son corps. On le maintiendra donc avec des poissons capables de lui résister (*Pomacanthus*, *Pterois*, *Thalassoma*...) et on évitera la cohabitation avec les invertébrés mobiles.

Solide et robuste, il ne pose généralement aucun problème d'acclimatation, on peut donc le recommander aux débutants amateurs de poissons de grosse taille.

Epinephelus fasciatus

Mérou oriflamme

Serranidae 48004

Difficulté

40 cm.	2000 litres.
De la mer Rouge et Madagascar au sud du Japon, jusqu'au Queensland.	Aucun.
Bonne sauf avec les crustacés.	Poissons, crustacés, céphalopodes.
Prédateur piscivore.	Inconnue en aquarium.

Ce grand mérou réclame un vaste espace de nage où il pourra assouvir son besoin d'activité. De grandes cavités dans le décor lui permettront de se constituer un territoire qu'il défendra avec agressivité, notamment face aux nouveaux arrivants. On le placera avec des poissons de même taille et de même tempérament (balistes, grands labres, etc.). Les autres mérous sont généralement tolérés. L'acclimatation et le nourrissage ne posent pas de problème, il acceptera rapidement les nourritures congelées (poissons, crevettes, blancs de calamars, seiches, etc.). Toutefois, il est souvent indispensable de commencer avec des proies vivantes.

Hypoplectrus gemma

Hamlet bleu

48005 Serranidae

Difficulté

La position systématique de ce poisson est encore floue. Pour certains, il s'agit d'une espèce à part entière, d'autres la considèrent comme une forme de couleur d'*Hypoplectrus unicolor*. La première hypothèse est la plus récente et la plus probable.

13 cm.

450 l.

Endémique des côtes de Floride.

Aucun.

Bonne sauf avec les crustacés.

Petits poissons et crustacés.

Timide.

Inconnue en aquarium.

Assez rare dans le commerce, ce magnifique serran a une petite taille mais le caractère des gros mérous. Il ne faut donc pas le sous-estimer, il est capable d'ingérer des poissons mesurant les trois-quarts de sa propre taille. Paradoxalement, c'est un animal plutôt craintif qui restera caché en présence de poissons très actifs. On choisira donc ses colocataires en conséquence. Très inféodé au substrat, il demande moins d'espace de nage que les mérous, mais l'on prendra soin d'aménager une large plage de sable. Il est à noter que la robe des spécimens placés en aquarium devient avec le temps moins vive que celle des individus sauvages.

Pseudanthias lori

Anthias tigré, anthias de Lori

Serranidae 48006

Difficulté

12 cm.	240 l.
Des Philippines et de l'île Christmas aux Tuamotu, des Yaeyama aux îles de la Loyauté.	Mâles plus colorés.
Oui.	Artémias, mysis et zooplancton, plusieurs fois par jour.
Sociable, nageur actif.	Inconnue en aquarium.

L'acclimatation de cet anthias se révèle moins délicate que celle des autres espèces. *Pseudanthias lori* est un poisson paisible, qui évolue dans la colonne d'eau à l'affût de proies. Son alimentation est très importante. Comme tous les planctophages, il a de gros besoins alimentaires et, dans la nature, il mange pratiquement continuellement. Il est impératif de prévoir plusieurs distributions quotidiennes de petites rations. Pour une maintenance réussie, il faut garder un harem composé d'un seul mâle et d'au moins trois femelles. Comme tous les anthias, *P. lori* est hermaphrodite protogyne ; seuls les individus dominants deviennent mâles. Il est donc possible de n'acheter que des femelles pour obtenir un harem.

Pseudanthias pleurotaenia

Anthias rose, anthias à tache carrée

48007 Serranidae

Difficulté

17 cm.	450 l.
De l'Indonésie aux Samoa, des Ryukyu à la Nouvelle-Calédonie.	Mâles avec tache carrée rose sur les flancs.
Oui.	Artémias, mysis et zooplancton, plusieurs fois par jour.
Peu sociable, nageur actif.	Inconnue en aquarium.

C'est avec *Pseudanthias squamipinnis* l'un des anthias les plus connus et les plus souvent proposés à la vente. Les mâles ont une livrée rose à rouge et portent un carré rose sur chaque flanc. C'est un gros anthias qui ne devra pas être hébergé dans un aquarium d'un volume inférieur à 450 litres. Il s'acclimate lentement à la captivité, il reste caché dans le décor rocheux pendant plusieurs jours avant de sortir et de s'alimenter. L'anthias rose ne pourra être maintenu en groupe que dans un aquarium de plus de 600 litres à condition qu'il s'agisse d'un harem composé d'un mâle et de 3 ou 4 femelles. C'est une espèce plus agressive que les autres anthias. Comme pour tous les planctophages, l'alimentation doit être abondante et les distributions réparties sur toute la journée.

Pseudanthias squamipinnis

Barbier rouge

Serranidae 48008

Difficulté

12 cm.	240 l.
De la mer Rouge aux îles Salomon, du sud du Japon à la Nouvelle-Galles du Sud.	Mâles plus colorés.
Oui.	Artémias, mysis et zooplancton, plusieurs fois par jour.
Sociable, nageur actif.	Parade observée en aquarium.

C'est l'une des deux espèces d'anthias les plus connues et les plus souvent proposées à la vente (l'autre étant *Pseudanthias pleurotaenia*). *P. squamipinnis* est de loin le plus abondant des anthias sur les récifs de l'Indo-Pacifique et de la mer Rouge. Il peuple le haut de la pente externe en bancs de plusieurs centaines d'individus qui nagent dans le courant, à proximité du substrat, dans l'attente du plancton de la haute mer qui constitue leur principale source de nourriture. C'est un poisson très sociable qui peut être maintenu en groupe d'une demi-douzaine d'individus dans un aquarium de 240 à 450 litres. Des parades nuptiales ont été observées en aquarium, les mâles décrivent des « U » devant les femelles pour les inviter à pondre dans la colonne d'eau.

Serranocirrhitus latus

Anthias faucon

48009 Serranidae

Difficulté

11 cm.	240 l.
De l'Indonésie et de Taiwan aux Fidji, des îles Izu à la Nouvelle-Calédonie.	Aucun.
Oui.	Artémias, mysis et zooplancton, plusieurs fois par jour.
Timide.	Inconnue en aquarium.

Serranocirrithus latus est un nouveau venu sur le marché de l'aquariophilie, il encore rarement proposé. C'est un anthias difficile à capturer car il vit à des profondeurs excédant 50 mètres et se cache le plus souvent sous les surplombs et dans les grottes dont il ne sort que très rarement. C'est un animal délicat, extrêmement difficile à acclimater. Il est préférable de l'héberger dans un aquarium reproduisant le bas de la pente externe, avec une lumière tamisée où dominent les radiations bleutées, et des compagnons paisibles.

Contrairement aux autres anthias, on le rencontre seul ou en couple. Ce poisson représente un véritable défi pour tout aquariophile qui souhaite en faire l'acquisition.

Serranus tabacarius

Serran tabac

Serranidae 48010

Difficulté

18 cm.	240 l.
Caraïbes et Atlantique ouest tropical.	Aucun.
Oui sauf crevettes.	Chair de poisson, crevettes, moules et coques.
Prédateur mais paisible.	Inconnue en aquarium.

Voici un poisson apparenté aux mérous mais dont la taille adulte ne dépasse pas 20 centimètres dans le milieu naturel, généralement moins en aquarium. *Serranus tabacarius* est un petit serran des Caraïbes qui arpente les abords du récif et les herbiers marins en quête de proies. Il peut être hébergé dans un aquarium récifal à condition qu'il n'y ait pas de petits poissons ni de crevettes ornementales, qui sont susceptibles de figurer à son menu. Il faut lui ménager un abri proche du fond, idéalement une cavité créée à partir de quelques pierres vivantes. Il stationne à proximité de cette cachette le jour et s'y réfugie la nuit. C'est un poisson plutôt solitaire, on peut tenter la cohabitation de deux individus s'ils ont montré des signes de tolérance mutuelle dans le bac du détaillant.

Variola louti

Mérou lyre

48011 Serranidae

Difficulté

83 cm.

De la mer Rouge aux Marquises et Pitcairn, du sud du Japon à Lord Howe et Rapa.

Bonne, sauf avec les crustacés.

Grand nageur, prédateur piscivore.

4000 l.

Aucun.

Poissons et crustacés.

Inconnue en aquarium.

Variola louti est sans conteste l'un des plus beaux mérous. Malheureusement, sa taille adulte l'écarte de la quasi-totalité des aquariums d'amateurs. Si vous avez la capacité de l'accueillir, il faudra lui recréer un récif véritable, avec une grande zone de nage et de nombreux passages et niches au milieu du décor rocheux. L'acclimatation est facile et la maintenance sans difficulté, ce poisson est très robuste. Il sera en revanche difficile de lui trouver des compagnons car ceux-ci doivent être d'une taille équivalente pour ne pas être avalés. Les aquariophiles qui ne disposent pas d'une telle installation pourront aller admirer *Variola louti* dans un aquarium public ou mieux encore : en plongée !

Siganus guttatus

Poisson-lapin à selle dorée

Siganidae 49001

Difficulté

Dépasse 40 cm.	2000 l.
Des Andaman à l'ouest de la Nouvelle-Guinée, des Ryukyu à Java.	Aucun.
Bonne.	Algues, épinards, salade, petits pois, etc. crustacés, copépodes.
Paisible mais territorial.	Inconnue en aquarium.

Siganus guttatus fréquente les surplombs des récifs coralliens, généralement seul, plus rarement en banc. Les juvéniles se rencontrent dans les estuaires et les mangroves. C'est un poisson facile à acclimater et à maintenir ; de plus, il excelle à éliminer les algues. Malheureusement, la capacité minimale acceptable de l'aquarium atteint un chiffre considérable car, premièrement c'est un poisson de grande taille ; deuxièmement, il se montre territorial, on doit donc lui choisir des compagnons du même gabarit ; et troisièmement, il a besoin d'un vaste espace de nage.

L'aquariophile ne devra donc pas céder à l'achat impulsif, même si la robe somptueuse de ce poisson est très attirante.

Attention, les rayons des nageoires sont venimeux et infligent des piqûres douloureuses mais pas dangereuses.

Siganus unimaculatus

Renard à tache noire

49002 Siganidae

Difficulté

25 cm.

Du sud du Japon à l'est des Philippines.

Bonne.

Paisible sauf envers ses congénères, territorial.

600 l.

Aucun.

Algues, épinards, salade, petits pois, etc. petits crustacés, copépodes.

Inconnue en aquarium.

Attention, les rayons des nageoires sont venimeux et infligent des piqûres douloureuses mais pas dangereuses.

Siganus (*Lo*) *unimaculatus* est le remplaçant de *Siganus* (*Lo*) *vulpinus* – avec lequel on le confond – au nord de son aire de répartition. Les deux poissons sont semblables à l'exception de la tache noire ornant le flanc de *S. unimaculatus.* Mais celle-ci peut être absente, entretenant la confusion !

S. (*Lo*) *unimaculatus* est un habitué des récifs coralliens que l'on rencontre généralement seul, quelquefois en couple. Les jeunes peuvent se regrouper au sein des coraux du genre *Acropora* où ils trouvent protection et nourriture (algues à la base des branches). La maintenance dans un bac récifal est idéale et le renard à tache noire se montre un allié précieux dans la lutte contre les algues, son seul petit défaut est un grand besoin d'espace. On lui adjoindra des poissons de sa taille et de son tempérament et l'on aménagera suffisamment d'édifices rocheux pour le rassurer. Les juvéniles sont exclusivement végétariens, alors que les adultes ingèrent en même temps que les algues les animalcules qu'elles abritent. Les juvéniles sont beaucoup plus faciles à acclimater.

Corythoichthys flavofasciatus

Syngnathe à bandes jaunes

Syngnathidae 50001

Difficulté

12 cm, parfois jusqu'à 18 cm.	96 litres.
Mer Rouge, est de l'Afrique et océan Indien.	Aucun.
Excellente.	Artémias, mysis, daphnies, vers de vase, etc.
Très pacifique.	Inconnue en aquarium, mais sans doute possible.

La maintenance de *Corythoichthys intestinalis* – plus fréquent dans le commerce – est identique.

Ce poisson-aiguille vit généralement en couple au milieu des coraux où il trouve sa nourriture. Cette alimentation est d'ailleurs le principal souci de l'aquariophile. Les petits spécimens peuvent être nourris de nauplies ou de petites artémias, les adultes acceptent des proies plus grosses ; artémias adultes, daphnies, vers de vase, petites crevettes, alevins de guppys ou de platys etc… Les proies mortes sont quelquefois acceptées si elles restent suffisamment longtemps en suspension. La maintenance en aquarium récifal est idéale, car le poisson trouve tout seul sa nourriture au sein des roches vivantes (copépodes, etc.).

Duckeroramphus dactyliophorus

Syngnathe zébré

50002 Syngnathidae

Difficulté

Certains spécimens débarrassent les poissons des copépodes parasites et jouent un rôle de nettoyeur.

16 cm.

Pacifique oriental, les signalements en mer Rouge et en océan Indien sont inexacts.

Excellente.

Très pacifique.

120 l.

Aucun.

Nauplies d'artémias, mysis, daphnies, etc.

Réussie en aquarium.

Doryrhamphus dactyliophorus apprécie les surplombs sous lesquels il nage entre deux eaux, généralement en couple. Son acclimatation est d'ailleurs plus facile en groupe et en aquarium récifal. La maintenance est similaire à celle de *Corythoichthys flavofasciatus* mais plus difficile car ce syngnathe rechigne souvent à se nourrir. Les nauplies d'artémias sont fréquemment indispensables en complément des animalcules colonisant les roches vivantes. Ces poissons sont également sensibles à la qualité de l'eau. La reproduction en captivité est fréquente. La femelle dépose les œufs sur l'abdomen du mâle. Si la ponte a eu lieu en bac récifal, il est préférable de placer celui-ci dans un aquarium annexe pendant l'incubation (2 semaines à 25°C). Les larves seront nourries de rotifères.

Hippocampus erectus

Hippocampe du nord, hippocampe dressé

Syngnathidae 50003

Difficulté

15 cm.	120 l.
Côte est des États-Unis et golfe du Mexique.	Abdomen rebondi chez la femelle prête à pondre, base de la caudale dilatée chez le mâle incubant.
Bonne, sauf avec les crustacés.	Crustacés, petits poissons.
Pacifique et très lent.	Aisément obtenue en aquarium.

Comme pour tous les hippocampes, il est nécessaire de prévoir un aquarium spécifique, aménagé pour que les poissons puissent s'accrocher (coraux synthétiques, algues…), sans courant fort et sans autres locataires afin d'éviter toute concurrence alimentaire. Ce poisson apprécie les algues comme support, on le rencontre d'ailleurs en milieu naturel fixé à des sargasses dérivantes. Il peut être maintenu en groupe et dans ce cas, on prévoira un volume plus important. Des coraux non ramifiés et tolérant un brassage faible peuvent venir compléter la population. La reproduction est facile à réaliser. Après la maturation, la femelle dépose les œufs (jusqu'à 400) dans la poche caudale du mâle. Les jeunes en sortent totalement formés.

Hippocampus kuda

Hippocampe doré

50004 Syngnathidae

Difficulté

Se procurer la nourriture des adultes constitue la principale difficulté dans la maintenance de ce poisson.

Près de 20 cm de hauteur.	120 l.
Indo-pacifique et mer Rouge.	Abdomen de la femelle distendu en période de reproduction.
Bonne sauf avec les crustacés.	Petits crustacés vivants.
Très sociable.	Aisément obtenue en aquarium (voir *H. erectus*)

C'est un poisson lent mais très précis : il happe ses proies en émettant un claquement nettement audible. Les juvéniles acceptent les artémias vivantes mais les adultes demandent des proies plus grandes (crevettes vivantes). On pourra tenter les aliments congelés voire lyophilisés mais les nourritures sèches seront refusées. C'est un animal paisible, toutefois, les crevettes et les tout petits poissons pourraient être avalés. Un aquarium spécifique est indispensable, il sera conçu de façon à fonctionner avec un courant lent. Un écumeur permet d'obtenir la qualité d'eau parfaite, nécessaire aux hippocampes. On placera des objets ramifiés fins pour que les poissons puissent s'y accrocher avec leur queue. La reproduction est facile. Le mâle féconde les œufs au moment où la femelle les dépose dans la poche ventrale où il les incubera.

Syngnathoides biaculeatus

Syngnathe alligator

Syngnathidae 50005

Difficulté

30 cm.	450 l.
De l'Afrique du Sud à la mer Rouge jusqu'au sud du Japon et à l'Australie.	Aucun.
Bonne sauf avec les crustacés.	Petits poissons et crustacés.
Pacifique sauf avec les petits poissons.	Totalement réussie en aquarium.

Hôte des herbiers de phanérogames et des prairies d'algues, *Syngnathoides biaculeatus* vit tapi dans la végétation en attente de ses proies.

Sa taille oblige à une sélection rigoureuse des colocataires. Il ne manifeste aucune agressivité interspécifique mais les crustacés et les poissons de taille modeste sont happés sans atermoiement. Il est donc préférable de lui aménager un aquarium spécifique basé sur les algues supérieures.

La reproduction ne tarde généralement pas, et l'on peut voir le mâle incuber les œufs sous le ventre. Les jeunes se nourrissent de microcopépodes et de nauplies d'artémias.

Recherché par la médecine traditionnelle chinoise, ce poisson se raréfie et fait l'objet de commerces illicites.

Après la saison des pluies, *Syngnathoides biaculeatus* se laisse emporter avec les bancs dérivant de sargasses, ce mode de dispersion explique sans doute la vaste répartition de l'espèce.

Arothron hispidus

Poisson-ballon à points blancs

51001 Tetraodontidae

Difficulté

Attention
au « bec » des poissons-ballons qui inflige de douloureuses morsures !

Jusqu'à 50 cm.

2000 l.

De la mer Rouge et de l'est de l'Afrique aux côtes californiennes.

Aucun.

À proscrire.

Poisson, moules, crustacés, céphalopodes, algues, salade, épinards, légumes hachés et pochés.

Solitaire et territorial, peut être agressif.

Inconnue en aquarium.

Compte tenu de sa taille, ce poisson-ballon est peu recommandé dans l'aquarium du particulier. De plus, dans un volume trop petit, il peut se montrer vraiment très agressif avec ses colocataires. Ceux-ci devront par ailleurs être choisis parmi les poissons de bonne taille et de fort caractère. *Arothron hispidus* se montre robuste et très facile à acclimater. La diversité de son régime alimentaire est sans aucun doute à la base de cette simplicité. Les poissons ballons sont dotés de dents soudées pour former un bec qui leur permet de trancher aisément les morceaux d'aliments trop gros mais aussi de cisailler les tuyaux d'air ou d'eau, d'entamer les fils électriques ou les doigts du soigneur imprudent.

Arothron meleagris

Poisson-ballon pintade

Tetraodontidae 51002

Difficulté

50 cm.	2000 l.
De l'Afrique de l'Est au Mexique, du sud du Japon aux îles de Pâques, Lord Howe et Rapa.	Aucun.
À proscrire.	Crustacés, coquillages, calamars, végétaux, etc.
Généralement placide, mais peut se montrer territorial et agressif.	Inconnue en aquarium.

Attention au « bec » des poissons-ballons qui inflige de douloureuses morsures !

Pour un poisson-ballon de cette taille, l'agressivité d'*A. meleagris* est modérée et il supporte une grande variété de colocataires, voire ses congénères dans de très grands volumes. Son régime alimentaire constitué de polypes de coraux, éponges, mollusques, bryozoaires, tuniciers, foraminifères, algues, détritus, etc. rend son acclimatation plus difficile que celle de beaucoup de membres de la famille et constitue une contre-indication formelle à son introduction dans un bac d'invertébrés. Il faudra lui proposer une nourriture de substitution très variée ; quelques roches vivantes où il pourra brouter les algues et les invertébrés sessiles peuvent s'avérer utiles au démarrage. Certains spécimens peuvent être jaunes à points noirs voire totalement jaunes.

Arothron nigropunctatus

Poisson-ballon à points noirs

51003 Tetraodontidae

Difficulté

Attention au « bec » des poissons-ballons qui inflige de douloureuses morsures !

L'espèce est remplacée en mer Rouge par *A. diadematus*, dont la maintenance est similaire.

33 cm.	1000 l.
De l'Afrique de l'Est aux îles de la Ligne, des Ryukyu à la Nouvelle-Galles du Sud et la Nouvelle-Calédonie.	Aucun.
À proscrire.	Coquillages, calamars, crustacés, algues, etc.
L'un des *Arothron* les moins agressifs.	Inconnue en aquarium.

Ce poisson-ballon très commun est sans doute le seul de la famille que l'on puisse vraiment recommander en aquarium. Très facile à acclimater et à maintenir, il a aussi l'avantage d'avoir un caractère un peu plus facile que la plupart des tétrodons.

En effet, il tolère la présence de ses congénères et éventuellement d'autres *Arothron* que l'on veillera à choisir parmi les espèces calmes.

Dans la nature il se nourrit de polypes de coraux, mollusques, crustacés, tuniciers, éponges, détritus, algues, etc. En aquarium, on s'efforcera de reproduire ce régime et d'en préserver la diversité. Il est totalement exclu de le faire cohabiter avec des invertébrés.

Canthigaster solandri

Canthigaster tacheté

Tetraodontidae 51004

Difficulté

11 cm.

De l'Afrique de l'Est aux îles de la Ligne et Tuamotu, des Ryukyu à la Nouvelle-Calédonie et aux Tonga.

À proscrire.

Paisible.

600 l.

Mâles plus gros.

Artémias vivantes, vers de vase, chair de poisson, de mollusque et de crustacés, algues, épinards, salade, etc.

Inconnue en aquarium.

Les canthigasters sont des poissons assez difficiles à acclimater en raison de leur régime alimentaire très spécifique principalement constitué d'algues filamenteuses rouges et vertes et de corallines. Ils mangent également des polypes de coraux, tuniciers, mollusques, échinodermes, polychètes, crustacés et bryozoaires. Généralement, une association d'artémias vivantes et de roches vivantes riches en organismes divers permet une acclimatation rapide. On lui proposera également des vers de vase. Calme et paisible, *C. solandri* recherche constamment sa nourriture sur le décor, il convient à la plupart des aquariums de poissons. On veillera à lui éviter les stress et la concurrence alimentaire d'autres algivores et à choisir des compagnons pacifiques.

Les *Canthigaster* émettent en cas de stress une toxine qui peut se révéler mortelle pour les habitants de l'aquarium, surtout ci celui-ci est de faible volume. Prenez de sérieuses précautions lors de l'adaptation. Si l'on pratique un goutte-à-goutte, il ne faut en aucun cas acclimater d'autres poissons avec un *Canthigaster.* Bien sûr, l'eau d'accommodation sera jetée.

Canthigaster valentini

Canthigaster à selles

51005 Tetraodontidae

Difficulté

Les *Canthigaster* émettent en cas de stress une toxine qui peut se révéler mortelle pour les habitants de l'aquarium, surtout ci celui-ci est de faible volume. Prenez de sérieuses précautions lors de l'adaptation. Si l'on pratique un goutte-à-goutte, il ne faut en aucun cas acclimater d'autres poissons avec un *Canthigaster*. Bien sûr, l'eau d'accommodation sera jetée.

Pour échapper à ses prédateurs, *Paraluteres prionurus*, un inoffensif poisson-lime, imite *Canthigaster valentini* et forme avec lui des bancs mixtes. Le mime représente jusqu'à 5 % de certaines agrégations de son modèle.

10 cm.	240 l.
De la mer Rouge aux îles Tuamotu, du sud du Japon à Lord Howe.	Mâles plus gros. Coloration légèrement différente.
À proscrire.	Artémias vivantes, vers de vase, chair de poisson, de mollusque et de crustacés, algues, épinards, salade, etc.
Territorial.	Frai observé en aquarium.

C. valentini vit en petits bancs lorsqu'il est jeune, puis, avec la maturité sexuelle, des harems se forment, un mâle régnant sur un groupe de 10 à 100 femelles et frayant avec une compagne différente chaque jour. En aquarium, seul un couple se supportera et peut s'accoupler : on a observé des femelles déposer leurs œufs dans des algues filamenteuses. Pas de problèmes avec les autres espèces dès lors qu'il s'agit de poissons calmes. Un décor riche en cachettes permet de rassurer ce poisson capable d'empoisonner l'aquarium en cas de stress. À cause de son régime alimentaire si particulier, *C. valentini* est assez difficile à acclimater, on procédera de la même façon que pour *C. solandri*. Après son adaptation à l'aquarium, il passe son temps à picorer sa nourriture sur le substrat.

Zanclus cornutus

Idole des Maures

Zanclidae 52001

Difficulté

16 à 20 cm.	600 l.
Indo-pacifique et mer Rouge, de l'Afrique au Mexique.	Aucun.
À proscrire.	Copépodes, algues et crustacés.
Très timide.	Inconnue en aquarium.

Très sensible aux maladies de peau et extrêmement difficile à faire manger, ce poisson est à réserver aux aquariophiles très expérimentés, ayant déjà pratiqué avec succès les acclimatations à problèmes. Le débutant doit s'abstenir afin d'éviter une déconvenue pratiquement inévitable.

Proche des chirurgiens, ce superbe poisson possède un très long filament qui prolonge la nageoire dorsale. Son museau protubérant lui permet de se nourrir d'éponges et d'algues dans les anfractuosités du récif. *Zanclus cornutus* est un poisson très difficile à acclimater, en partie à cause de son régime spécifique, mais aussi à cause de sa sensibilité au stress. Plusieurs individus peuvent être maintenus dans un grand bac (>1500 litres), et sont alors plus faciles à acclimater. La nourriture vivante (artémias, crustacés, moule crue ouverte, etc.) est indispensable au départ, remplacée ensuite par des végétaux. On aménagera un décor comprenant de grandes grottes rassurantes et une très vaste zone de nage.

C'est un poisson territorial qui peut se montrer agressif envers ses congénères dans un bac trop petit. Le comportement interspécifique est pacifique.

Index des noms français

Index des noms latins

Bibliographie

Ouvrages et publications

- Allen G. R. - Steene R. - Allen M., 1998, *A guide to angelfishes and butterflyfishes.* Odyssey Publishing - Tropical Reef Research
- Baensch H. A. - Debelius H., 1998, *Atlas de l'aquarium marin.* Mergus Verlag GmbH
- Bassleer G., 1996, *Maladies des poissons marins en aquarium.* Bassleer Biofish
- Collectif, 1994, *Les poissons.* Encyclopédie des animaux Bordas
- Condé B. & Terver D., 1974-1999, *Revue fr. Aquariol.* Fiches Techniques
- Dakin N., 1996, *Le guide de l'aquarium marin tropical.* Delachaux et Niestlé
- De Graaf F., 1981,*Encyclopédie des poissons d'aquarium marin.* Bordas
- Debelius H., 1989, *Fische als Partner Niederer Tiere.* Eugen Ulmer Verlag
- Debelius H., 1993, *Indian Ocean Tropical Fish Guide.* Aquaprint
- Debelius H., 1998, Guide du Récif Corallien Mer Rouge. PLB Editions
- Delbeek J. C. - Sprung J., 1998, *L'aquarium récifal, Vol. I.* Ricordea Publishing
- Dufour V., Lecaillon G. & Romans P., 2000, *Oceanis* 26 (3) : 523-541
- Fautin D. G. & Allen G. R., 1992, *Anemone Fishes and their Host Sea Anemones.* Western Australian Museum
- Fosså S. A. - Nilsen A. J., 1993,*Korallenriff-Aquarium - Band 3.* Birgit Schmettkamp Verlag
- Halstead B., 2000, *Coral Sea Reef Guide.* Sea Challengers
- Humann P., 1997, *Poissons Coralliens Identification Floride Caraïbes Bahamas.* PLB Editions
- Kuiter R. H. & Debelius H., 1994, *Southeast Asia Tropical Fish Guide.* Ikan
- Kuiter R. H.– Debelius H., 2001 *Poissons-chirugiens et espèces apparentées – Acanthuroïdes.* Ulmer
- Kuiter R. H.– Debelius H., 2001, *Poissons-papillons – Chaetodontidés.* Ulmer
- Kuiter R. H., 2001, *Hippocampes, poissons-aiguilles et espèces appparentées – Syngnathiformes.* Ulmer
- Lieske E. - Myers R. F., 1995, *Guide des poissons des récifs coralliens - Région Caraïbe, océan Indien, océan Pacifique, mer Rouge.* Delachaux et Niestlé
- Luty A., 1999, *Doktorfische.* Dähne Verlag
- Masanet P., 1994, *Revue fr. Aquariol.* 21 (3-4) : 97-104
- Michael S. W., 1998, *Reef Fishes, Vol. I.* Microcosm
- Michael S. W., 1999, *Marine fishes - 500+ essential-to-know aquarium species.* Microcosm
- Moe M. A., 1992, *The marine aquarium hanbook - Beginner to breeder.* Green Turtle Publications
- Pietsch T. W. & Grobecker D. B., 1987, *Frogfishes of the world.* Stanford University Press
- R Kuiter. H., 2002, *Labres et girelles – Labridés.* Ulmer
- Sale P. F., 1991, *The ecology of fishes on coral reefs.* Academic Press
- Sale P. F., 2002, *Coral reef fishes – Dynamics and diversity in a complex ecosystem.* Academic Press
- Spotte S., 1992, *Captive seawater fishes.* Wiley Interscience
- Sprung J., 2003, *Algues Contrôler les indésirables.* Ricordea Publishing
- Vast C., 1991, *ABC technique de l'aquarium marin.* Arnaud Daniel
- Wilkerson J. D., 1998, *Clownfishes A guide to their captive care,* breeding & natural history. Microcosm

Presse magazine :

- *Aqua plaisir – Le magazine de référence de l'aquarium et du bassin.* n°1 à 78. Mensuel.

Internet :

http://www.fishbase.org
http://www.breeders-registry.gen.ca.us

www.animalia-editions.net

ISBN : 2-9517895-4-8
Dépôt légal : octobre 2003
Achevé d'imprimer : septembre 2003
Imprimé en UE

Suivi éditorial et conception
Gireg Allain, Jean-Michel Bour,
Stéphane Fournier

Corrections
Jean-Michel Bour, Isabelle Souliac

Direction artistique
Laurent Barreau

Photographies
Aquapress - Marie-Paule et Christian Piednoir
à l'exception des pages :
98 - 103 - 106 - 118 - 126 - 127 - 170 - 185 /
Michel Dune
223 / *Pomacanthus asfur* -
Photo D. Terver, © Muséum-aquarium de Nancy.

Remerciements aux personnes et
entreprises suivantes pour l'aide apportée à la
réalisation des photographies :
Aquariums publics :
Aliotis-Villeherviers, Aquarium du Zoo de Bâle, Aquarium de La Rochelle, Aquarium de Monaco, Aquarium de Nancy, Aquarium de la Porte Dorée-Paris, Aquarium du Zoo de Stuttgart, Aquarium de Trouville, Aquarium de Vannes, Imperator Aquarium-Amneville, Le Grand Aquarium de St-Malo, Nausicaa-Boulogne, Océanopolis-Brest, Sealand Noirmoutier, Seaquarium du Grau du Roi.
Importateurs et magasins :
Amblard Overseas Trading, Aqua Fish Technology, Exomarc, Equinoxe-Paris, L'Atoll-Lyon.
Particuliers et associations :
Messieurs Gireg Allain, François Arjol, Guy Chaumont, Stéphane Lambert, Patrick Sourdoulaud, le C2A Cestas.

NOTES